HEJ.

HEJ. MINIMODE

HEJ. MINIMODE

Kleidung aus
Jersey nähen

In den
Größen 50–104
Mit **4**
Schnittmuster-
bogen

EMF

EIN BUCH DER
EDITION MICHAEL FISCHER

ida & tilda

INHALT

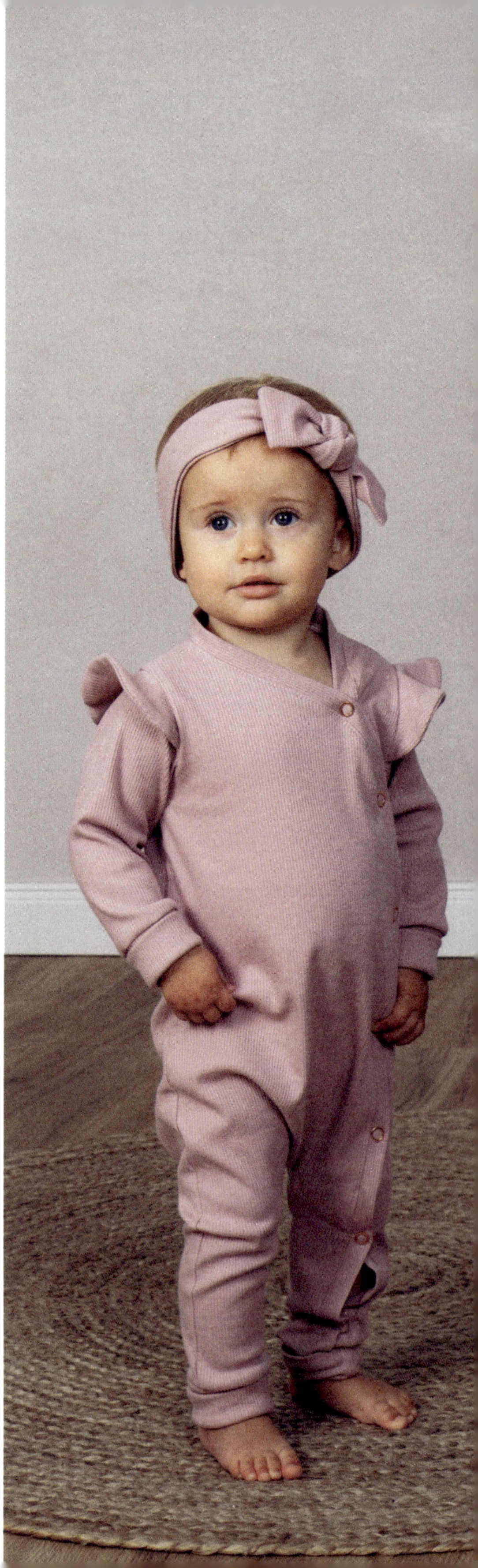

VORWORT

Wenn meine Hauswirtschaftslehrerin heute dieses Buch in den Händen halten würde, würde sie wohl ihren Augen nicht trauen. Ausgerechnet ich, diejenige, die im Nähunterricht sofort ein Projekt abgebrochen hat, wenn sich der Faden auch nur einmal ausgefädelt hatte, schreibt jetzt ein Buch übers Nähen. Ehrlich gesagt bin ich selbst noch manchmal verwundert. Wenn ich früher an selbstgenähte Kleidung gedacht habe, hatte ich ausschließlich Pumphosen mit lauten, quietschenden Farben vor Augen. Wie schief ich doch gewickelt war, merkte ich, als ich als frischgebackene Mama zum ersten Mal einen gut sortierten Stoffladen betrat. So viele Möglichkeiten, so viele Stilrichtungen, so viel Liebe zum Detail – ich habe es vom ersten Moment an geliebt. Quietschige, bunte Printstoffe gab es dort auch, aber eben auch so viel mehr. Für jede*n ist etwas dabei in dieser Welt, das ist das Schöne daran.

Der Grund, der mich zum Nähen brachte, war damals meine Tochter. Ich hatte so Freude daran, ihr Babyzimmer mit ganz einzigartigen Unikaten zu verschönern, welche nur für sie sind und an die sie sich vielleicht noch lange erinnern wird. So fing ich mit einer Wimpelgirlande an und war sofort gepackt, als ich das recht passable Ergebnis sah. Was bitte ist noch alles möglich?! Gleich darauf entstand die erste Pumphose, völlig unförmig, aber egal – ab jetzt saß ich fast jeden Abend an der Nähmaschine und wollte wissen, zu was ich noch so fähig war.

Bis ich meinen Stil fand, sollte es noch einige Zeit dauern, aber ich liebte jedes einzelne Teil, welches bis dahin entstanden war. Einige haben mir den letzten Nerv geraubt, weil nichts klappte, aber im Nachhinein liebe ich sie doch, denn jedes einzelne Teil hat mir Erfahrung geschenkt. Ich liebe es skandinavisch, schlicht und floral. Außerdem kombiniere ich gerne unterschiedliche Stoffstrukturen, um ein Outfit zusammenzustellen, und deswegen ist dieses Buchthema wie für mich gemacht.

Besonders wichtig ist es mir, dir zu vermitteln, was hinter einem fertigen Kleidungsstück steckt. Die Fast-Fashion-Industrie lässt uns glauben, dass billige Kleidung in Massen okay ist. Ich dachte früher, dass Kleidung einfach von Maschinen hergestellt wird. Knopf an, Stoff rein, fertig. Das werden ja wohl keine Menschen von Hand nähen für den Spottpreis. Oh doch. Jedes einzelne Teil. Und wenn du dich an dein erstes Handmade-Kleidungsstück heranwagst, wirst du schnell ein Gefühl dafür bekommen, wie dermaßen underrated Kleidung heutzutage ist.

Ich freue mich also, dir meine Welt des Nähens zu zeigen, und lade dich ein, das Nähen aus meinem ganz persönlichen Blickwinkel zu betrachten.

Simone

ida & tilda

WAS DICH IN DIESEM BUCH ERWARTET

Bevor du deine Schere zückst, mag ich ein wenig aus dem Nähkästchen plaudern und meine Näherfahrungen mit Jerseystoffen mit dir teilen. Je nachdem wie fortgeschritten du bist, hast du eventuell schon ähnliche Erfahrungen gemacht und eigene Lösungswege gefunden. Wenn die Reise gerade erst losgeht, kann ich dich vielleicht vor der einen oder anderen Sackgasse bewahren. Aus meiner Erfahrung heraus gibt es für die meisten Hürden jeweils kompliziertere Lösungswege und etwas unkompliziertere. Ich bevorzuge letztere! In diesem Buch gebe ich dir meine Tipps und Tricks mit auf den Weg, damit du ein gutes Grundwissen hast und schon die ersten Teile aus deiner Feder mindestens so passabel sind wie meine erste Wimpelgirlande.

Da es in diesem Buch vor allem um das Nähen mit Jersey geht, ist das Nähen mit der Overlockmaschine bei den meisten Schnitten von Vorteil. Doch damit du auch mit deiner Nähmaschine zu einem tollen Ergebnis kommst, zeige ich dir immer einen alternativen Stich an deiner Nähmaschine auf. Und wenn dich das Nähen genauso packt wie mich, lohnt es sich ganz bestimmt, auf eine Overlockmaschine hin zu sparen. Falls deine Nähreise gerade erst beginnt und du dich fragst, von welchen Maschinen ich hier überhaupt spreche, blättere gerne um. Auf den kommenden Seiten erzähle ich dir, welche drei elementaren Maschinen es im Hobbynähbereich gibt, was diese können und welche für dich am wichtigsten ist.

Nachdem ich dich in das Thema Maschinenkunde mitgenommen habe, werde ich dir einen Einblick in die Welt der Jerseystoffe geben. Da Jersey nicht gleich Jersey ist und ich dich vor Fehlkäufen bewahren möchte, erzähle ich dir, welche Jerseyarten für dich interessant sein könnten, was das Besondere an ihnen ist und worauf du vor dem Kauf achten solltest. Außerdem findest du im Anschluss noch meine ganz persönlichen Tipps, wie du eine sinnvolle Garderobe planen kannst, sodass auch alle Teile harmonisch miteinander kombinierbar sind. Die Stoffwelt ist gigantisch groß, es gibt bei Stoffen nichts, was es nicht gibt! Da kann es schon mal vorkommen, dass man im Rausch der süßen Printstoffe lauter Teile vernäht, die hinterher zusammen angezogen etwas wild aussehen können.

Damit du dich im Dschungel der Nähwerkzeuge nicht verirrst, verrate ich dir selbstverständlich auch, welche kleinen Helferlein für mich unerlässlich sind. Natürlich kommt es dabei auch immer auf das Nähprojekt an, doch damit du dich entspannt durch dieses Buch arbeiten kannst, orientiere dich gerne an meiner Auflistung.

Und last but not least erkläre ich dir nochmal ganz in Ruhe ein paar Grundbegriffe, welche dir in den Nähanleitungen über den Weg laufen werden, sowie den ein oder anderen Nähschritt, welcher in den Anleitungen immer mal wieder gebraucht wird.

GRUNDLAGEN

WELCHE MASCHINE KANN WAS?

Klar, um zu nähen, brauchst du eine Nähmaschine. Doch wer seine ersten Kleidungsstücke näht, sieht schnell, dass die Nähte nicht ganz so sauber aussehen wie die der gekauften Stücke im Schrank. Das liegt daran, dass die allermeisten Kleidungsstücke hauptsächlich mit der Overlockmaschine genäht werden und bei manchen sogar eine Coverlockmaschine zum Einsatz kommt. Die Besonderheiten all dieser Maschinen erkläre ich dir auf den folgenden Seiten.

NÄHMASCHINE

Eine Nähmaschine ist die Basis aller Maschinen. Je nach Modell hat sie mehrere Stiche im Portfolio, angefangen beim einfachen Geradstich bis hin zu besonderen Zierstichen, Knopflochprogrammen und auch Stickprogrammen. Im Grunde genommen ist eine Nähmaschine dafür da, zwei oder mehr Lagen Stoff miteinander zu verbinden. Doch dank besonderer Nähfüße, welche es für die meisten Modelle gibt, hast du noch viele weitere Möglichkeiten, dein Projekt zu verfeinern. Im Folgenden stelle ich dir meine vier Lieblingsfüße vor, die ich fast immer benutze:

KLARSICHTFUSS

Diesen Nähfuß nutze ich am allermeisten! Viele Nähfüße, die standardmäßig mit der Maschine mitgeliefert werden, sind aus Metall, doch um alles besonders gut sehen zu können, gerade wenn es auf Präzision ankommt, ist der Klarsichtfuß ideal.

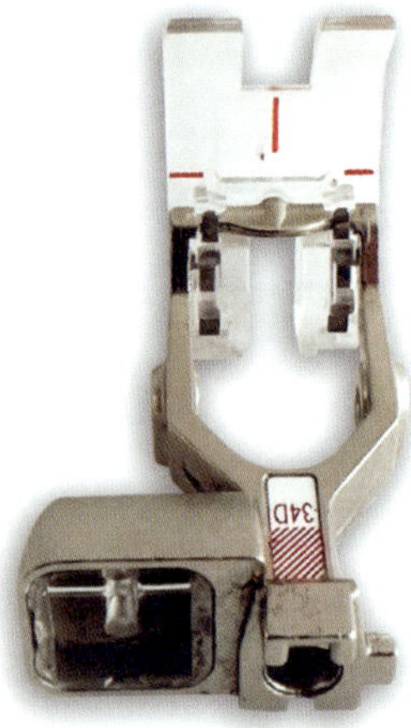

SCHMALKANTFUSS

Nicht selten kommt es vor, dass man Nahtzugaben z.B. am Halsausschnitt absteppen möchte, und hier kommt dieser Nähfuß zum Einsatz. Er sorgt dafür, dass man exakt gleichmäßig und knappkantig entlang einer Linie absteppen kann. Perfektion next level!

KNOPFLOCHFUSS SAMT TRANSPORTSCHIENE

Wer Kleidung näht, hat es auch bald mit Knopflöchern zu tun und diese können es in sich haben. Dank der Knopflochautomatik, welche die meisten Maschinen zu bieten haben, kannst du dich voll und ganz auf das Ergebnis konzentrieren. Und damit dieses besonders schön wird, empfehle ich dir, dir einen Knopflochfuß zuzulegen – wenn möglich inklusive dazu passender Transportschiene. Die Schiene ermöglicht einen reibungslosen Transport des Stoffes, auch wenn Unebenheiten im Weg sind.

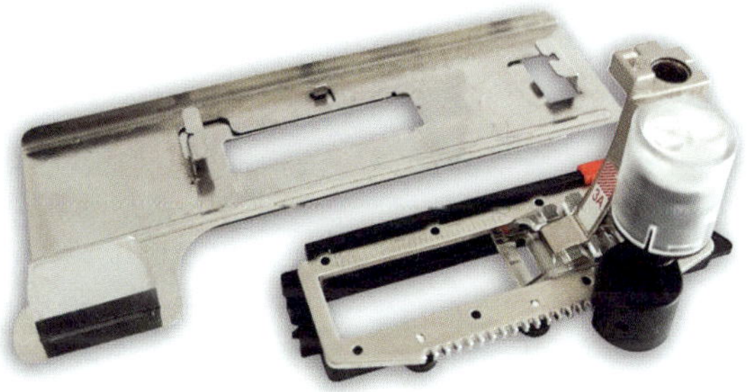

KNOPFANNÄHFUSS

Wo Knopflöcher sind, dürfen Knöpfe nicht weit sein. Doch die mit der Hand anzunähen, dauert seine Zeit. Ein besonders schnelles und sauberes Ergebnis erhältst du mit dem Knopfannähfuß. Einige Nähmaschinen haben die Knopfannähfunktion schon integriert, wenn nicht, wählst du einfach den Zickzackstich aus und stellst die Stichlänge auf 0.0 ein. Die Stichbreite passt du an den Abstand der Knopflöcher an (meist 4.0 mm) und los geht's. Starte am besten erstmal mit dem Handrad, um zu schauen, ob alle Einstellungen passen, sonst hast du schnell eine Nähnadel weniger.

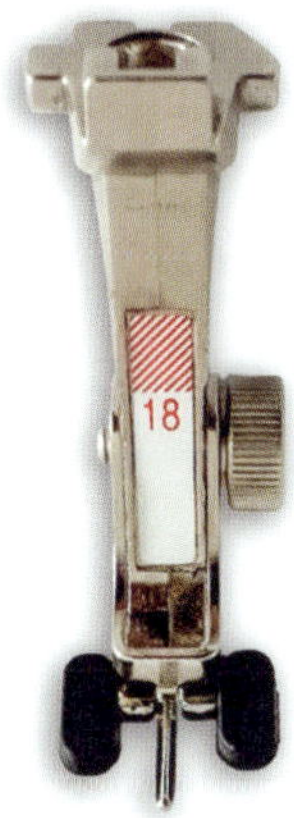

Eine solide Einsteiger*innenmaschine sollte also die Grundstiche sowie eine Knopflochautomatik und zumindest die eben genannten Nähfüße als optionales Zubehör im Angebot haben. Wichtiger als noch so viele Zierstiche und Extras ist die Qualität der Maschine im Inneren, damit du langfristig Freude am Nähen hast. Außerdem sollte das Modell nicht zu exotisch sein, damit du keine Probleme hast, an Ersatzteile zu kommen, wenn doch mal etwas kaputt ist.

OVERLOCKMASCHINE

Wenn du erst einmal auf den Geschmack gekommen bist, was das Nähen angeht, wird es vermutlich nicht lang dauern, bis du dich fragst, ob du eine Overlockmaschine brauchst. Vor allem, wenn einen so langsam der Perfektionismus packt, macht es auf jeden Fall Sinn, sich mit dem Thema zu beschäftigen.

Eine Overlockmaschine hat vor allem die Funktion, Stoffkanten zu versäubern. Das heißt, sie schneidet die offenen Kanten, kurz bevor es zum Vernähen kommt, ganz gleichmäßig ab, sodass sie exakt von der Overlocknaht verschlossen werden. Das Ergebnis sieht absolut perfekt aus und kommt Nähten aus der Kleidungsindustrie gleich. Die Overlocknaht eignet sich vor allem für dehnbare Stoffe wie Jersey, da die Nähte elastisch sind. Aber auch zum Vernähen von Webware eignet sich die Overlockmaschine ideal, da sie Webstoffe vor dem Ausfransen bewahrt.

Doch auch Overlockmaschinen haben die ein oder andere Spezialfunktion. Oft ist es nur eine Einstellungssache, bis man mit seiner Maschine z.B. einen Rollsaum zaubern kann, der gerne für das Versäubern von Rüschen genutzt wird. Und auch für Overlockmaschinen gibt es besondere Nähfüße, wie zum Beispiel den Kräuselfuß, der, wie der Name schon sagt, Stoffkanten automatisch kräuselt und gleichzeitig versäubert. Wie bei der Nähmaschine auch bevorzuge ich hier den Klarsichtfuß.

COVERLOCKMASCHINE

Ganz besondere Perfektion erzielst du mit der Coverlockmaschine. Sie versäubert und säumt in einem Schritt Stoffkanten und kann in Verbindung mit einem Bandeinfasser offene Kanten einfassen, so wie du es von Bodys oder Unterwäsche kennst. Im Hobbybereich ist diese Maschine kein Muss, doch verleiht sie manch einem Kleidungsstück den letzten Schliff und ist deswegen vielen Hobbynäher*innen jeden Cent wert.

Theoretisch kannst du eine Coverlocknaht auch mit deiner Näh- und Overlockmaschine nachbilden, indem du die offene Stoffkante erst an der Overlockmaschine versäuberst und sie dann mit einer Zwillingsnadel an deiner Nähmaschine säumst – dennoch sind die Nähte der Coverlockmaschine elastischer, was zum Beispiel bei Leggings und anderen engeren Kleidungsstücken von Vorteil ist.

ABOUT JERSEY

Da sich dieses Buch vor allem um Jersey dreht, möchte ich dir zunächst die vielen unterschiedlichen Jerseyqualitäten sowie ihre jeweiligen Einsatzgebiete erklären. Jersey ist also nicht gleich Jersey. Was bei allen Arten wichtig zu wissen ist: Sie laufen beim Waschen immer etwas ein, daher empfiehlt es sich, die Stoffe vor dem Zuschnitt unbedingt vorzuwaschen, damit die Passform des Kleidungsstücks erhalten bleibt.

DER KLASSIKER

Der klassische **Baumwolljersey** kommt vor allem bei Kinderkleidung zum Einsatz. Meistens besteht er zu 95% aus Baumwolle und zu 5% aus Elasthan. Er ist super angenehm für die Kleinsten zu tragen und lässt sich wirklich easy vernähen. Somit eignet er sich auch perfekt für die ersten Versuche, denn er vergibt dir durch seine Elastizität gerade zu Anfang so manch kleinen Anfängerfehler. Besonders gut eignet sich Baumwolljersey zum Beispiel zum Nähen von Bodys, Kleidern, Pumphosen und Rompern.

TIPP:

Ich empfehle dir beim Kauf von Stoffen immer darauf zu achten, dass der Hauptbestandteil des Stoffes eine Naturfaser wie Baumwolle ist, da diese im Vergleich zu synthetischen Stoffen die besten Trageeigenschaften mit sich bringt und vor allem aus kontrolliert biologischem Anbau oder mit GOTS-Siegel eines der nachhaltigsten Materialien darstellt. Mittlerweile findest du Jersey auch aus anderen Naturfasern wie zum Beispiel Bambus. Am besten gehst du im Laden „Stoffe streicheln", um ein Gefühl dafür zu bekommen, welche Stoffe für dich besonders angenehm zu tragen sind.

VOLL IM TREND

Eine Jerseyart, mit der ich sehr gerne für Kids und vor allem Babys nähe, ist der **Ribjersey**. Er ist besonders elastisch und bietet daher eine besonders schöne Passform bei enganliegender Kleidung wie Bodys, Leggings und Mützen. Achte auch hier darauf, dass der Hauptbestandteil des Stoffes Baumwolle ist, denn im Handel findest du Ribjerseys oft mit einem höheren Polyesteranteil. Ribjersey ist deutlich elastischer als normaler Baumwolljersey, daher empfiehlt es sich, den Schnitt etwas anzupassen, damit beispielsweise die Mütze nachher nicht zu locker sitzt.

DAS BESONDERE ETWAS

Waffeljersey, welcher hier im Buch auch seinen Einsatz findet, verhält sich anders: Er ist eher weniger elastisch und hat eine recht feste Haptik, da er meist zu 100% aus Baumwolle besteht. Trotz seiner Schlichtheit verleiht er einem Kleidungsstück dank seiner besonderen Struktur einen aufregenden Look und kann somit perfekt mit dem Rest der Garderobe kombiniert werden. Besonders gut eignet sich Waffeljersey für Pullover, Overalls und Hosen.

ZUM KUSCHELN!

Eine weitere Jerseyart, die momentan ebenfalls total im Trend ist, ist der **Frottee-jersey.** Er erinnert mit seiner aufgerauten Oberfläche an Nickystoff und eignet sich ideal für kuschelige Kleidungsstücke wie Pullover und Hosen. Er ist etwas dicker, daher findet er meist zu kühleren Jahreszeiten seinen Einsatz. Der Frotteejersey, den ich für Kleidungsstücke in diesem Buch gewählt habe, besteht zu 80% aus Baumwolle und 20% aus Polyester.

BY THE WAY...

Der Vollständigkeit halber erwähne ich an dieser Stelle auch **Viskosejersey,** welcher gerne für Erwachsenenkleidung genutzt wird und in diesem Buch keine Anwendung findet. Viskosejersey ist ein luftig fließender Stoff, der gerne für Shirts und Kleider genutzt wird. Viskose ist eine Mischung aus Natur- und Synthetikfaser und durch ihre seidigen Eigenschaften super angenehm zu tragen.

ALL IN ONE

- *Jerseys aus Naturfasern, zum Beispiel Baumwolle, lieben wir aufgrund ihrer tollen Trageeigenschaften!*
- *Vorwaschen ist super wichtig, weil Jerseys beim Waschen einlaufen!*
- *Jersey ist vielfältig und unterschiedliche Strukturen lassen sich super in einem Outfit kombinieren.*
- *Achte beim Zuschnitt auf den Fadenlauf, da Jersey unterschiedliche Stretcheigenschaften hat. Der Fadenlauf liegt immer parallel zur Webkante.*
- *Nutze eine Jerseynadel für deine Nähmaschine. Sie bewahrt den Stoff beim Vernähen vor kleinen Löchern, da sie die Maschen verdrängt und nicht zerschneidet.*
- *Es lohnt sich, Jersey stellenweise mit Bügelvlies zu stabilisieren. Dies verhindert beispielsweise das Ausleiern von Knopflöchern oder das Ausreißen von Druckknöpfen.*
- *Um Jersey zu vernähen, eignen sich elastische Stiche wie der Zickzackstich oder die Overlocknaht.*

WARUM NICHT GLEICH EINE GANZE GARDEROBE?

Du kennst es bestimmt: Du entdeckst diesen einen super süßen Stoff mit Punkten, Blumen, Streifen oder Füchsen drauf und siehst schon vor deinem inneren Auge, wie süß der fertige Pullover später aussehen wird. Der nächste Stoff mit Einhörnern wäre perfekt für eine Leggings oder Mütze und zu Hause hast du auch etliche Stoffe, die du unbedingt noch vernähen willst! Und nach einem langen erfolgreichen Nähabend möchtest du deinem Kind am nächsten Tag direkt alles anziehen, um deine Werke zu bestaunen, doch irgendwie... passt eigentlich nichts davon so richtig zusammen. Das passiert schnell, wenn man sich von den zahlreichen bezaubernden Motivstoffen hinreißen lässt.

Ich habe mir darüber Gedanken gemacht, wie man eine harmonische Garderobe kreieren kann, ohne dass sich jedes Teil beißt, und man seine Lieblingsteile trotzdem vielfältig kombinieren kann und möchte meine Gedanken dazu mit dir teilen.

SCHRITT 1

Es klingt vielleicht etwas übertrieben, aber: Erstelle dir einen Plan darüber, welche Jahreszeit ansteht und welche Kleidungsstücke dein Kind braucht. So bist du direkt gut vorbereitet und kannst gleich berücksichtigen, aus welchen Teilen du am besten später die Outfits kreierst. Für den Herbst könnte das zum Beispiel so aussehen:

OUTFIT 1
Jacke/Overall, Halstuch und Mütze

OUTFIT 2
Body, Hose, Sweater und Accessoire (z. B. Haarband oder Lätzchen)

OUTFIT 3
Kleid, Leggings und Accessoire

OUTFIT 4
Schlafanzug als Ein- oder Zweiteiler

SCHRITT 2

Mache dir nun Gedanken über eine passende Farbwelt. Damit du alle Teile immer harmonisch miteinander kombinieren kannst, macht es Sinn, sich kurz darüber Gedanken zu machen, was gerade deine Lieblingsfarbe ist (oder die deines Kindes) und mit welchen zwei weiteren Farben du diese gut kombinieren kannst. Falls du dir unsicher bist, was gut zusammenpasst, findest du im Internet etliche Farbpaletten, die dich dabei unterstützen können.

Mein aktuelles, persönliches Beispiel:

» *Meine Lieblingsfarbe in dieser Saison ist Mauve.*

» *Ich schaue nach zwei weiteren Farben, welche gut mit Mauve kombinierbar sind und auch untereinander gut zusammenpassen. In diesem Fall sind das gedeckte Farben wie Beige und Altgrün.*

SCHRITT 3

Jetzt kommt der schönste Teil, das Stoffe shoppen! Halte die Augen offen nach Stoffen, die in dein Farbschema passen. Achte darauf, dass du einen guten Mix aus Motivstoffen sowie unifarbenen Stoffen hast, damit deine Outfits später nicht zu unruhig werden. Trau dich auch ruhig, auf unterschiedliche Stoffstrukturen zurückzugreifen, da diese dem Look das besondere Etwas verleihen.

TIPP:

Eine gute Orientierung bieten dir Bündchenstoffe in deinen drei festgelegten Favorite-Farben, die du mit den Hauptstoffen abgleichst, da die Bündchenstoffe in fast jedem Outfit zum Einsatz kommen.

Die Shoppinglisten könnten beispielsweise so aussehen:

OUTFIT NR. 1

- Jacke: Außenstoff aus unifarbenem Fleece in Mauve, Futterstoff aus Motivjersey in Beige
- Mütze: aus demselben Motivjersey wie der Futterstoff der Jacke
- Halstuch: aus unifarbenem Musselin in einer der drei Farben aus dem ausgesuchten Farbschema

OUTFIT NR. 2

- Body: gemusterter Jersey, z. B. in Weiß/Altgrün/Mauve/Beige
- Hose: Frotteejersey in Beige
- Sweater: unifarbener Waffeljersey in Mauve
- Accessoire: aus demselben gemusterten Jersey wie der Body

ALL IN ONE

» *Plane die Garderobe vor!*

» *Überlege dir ein passendes Farbschema.*

» *Suche gezielt nach Stoffen aus diesem Schema oder baue das Farbschema um einen Lieblingsstoff herum.*

» *Kombiniere Stoffstrukturen, um unifarbenen Stoffen das besondere Etwas zu verleihen.*

LIEBLINGS-WERKZEUGE

Ich erinnere mich noch sehr gut an die Zeit, als ich mit dem Nähen angefangen habe. Kaum steht man das erste Mal im Stoffladen, sieht man den Wald vor lauter Bäumen nicht mehr und stellt fest, dass man sich den Start ins neue Hobby irgendwie leichter vorgestellt hat. Unendlich viel Auswahl an Stoffen, Schnittmustern und Nähzubehör. Doch was benötigt man wirklich am Anfang? Welche Materialien müssen es sein?

Genau dabei möchte ich dich unterstützen und zeige dir hier meine wichtigsten Werkzeuge.

b42
FUNLOCK
bernette

GROSSE STOFFSCHERE

Eines der wichtigsten Werkzeuge im Atelier ist eine vernünftige Stoffschere. Hier ist es besonders wichtig, dass du die Schere vorab testen kannst, denn es gibt wirklich viele unterschiedliche Griffe, Größen und Klingen. Wenn die Schere nicht zu deiner Hand passt, kann das Zuschneiden sehr unangenehm werden.

Außerdem solltest du penibel genau darauf achten, kein Papier mit deiner Stoffschere zu schneiden, da sie sonst in Windeseile stumpf wird.

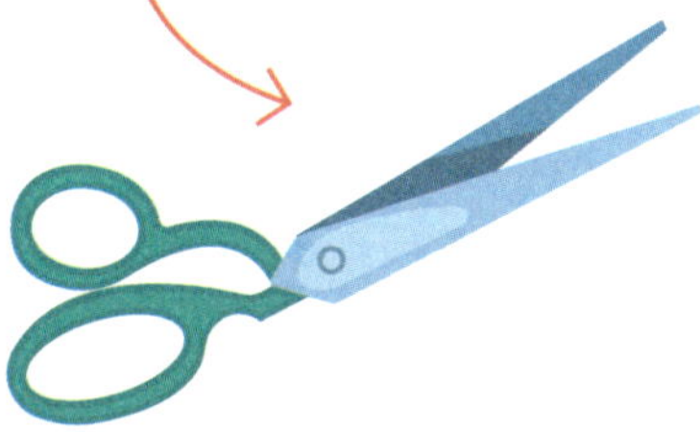

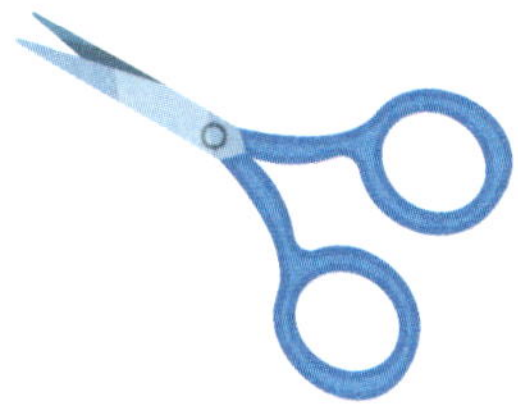

KLEINE FADENSCHERE

Wenn du an der Maschine sitzt, bist du am besten mit einer etwas kleineren Schere bedient, um Fäden abzuschneiden und Feinarbeit zu leisten. Eine solche Schere sollte schnell zu greifen sein, also zum Beispiel nicht zu kleine Eingrifflöcher haben, damit du sie besser fassen kannst.

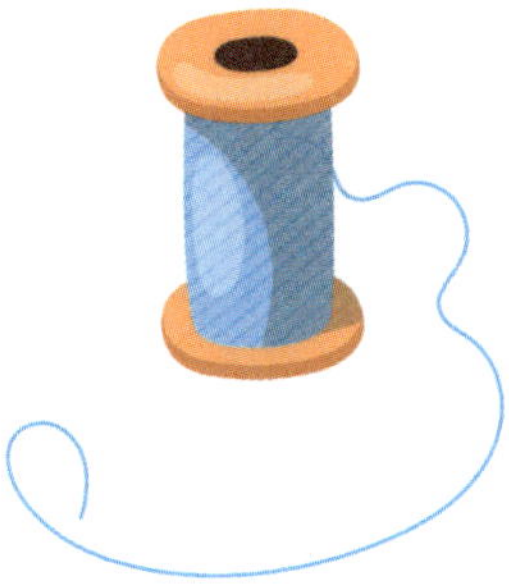

NAHTAUFTRENNER

Nobody is perfect! Es gibt Tage, da wirst du den Nahtauftrenner für deinen Geschmack zu oft gebrauchen und er kommt immer dann zum Einsatz, wenn deine Gedanken für einen Moment vom Nähen abgeschweift sind. Er hilft dir also, Nähte ohne große Spuren wieder aufzutrennen oder auch, um das Loch ins Knopfloch zu schneiden. Er sollte vorne eine möglichst schmale Spitze haben und schön scharf sein.

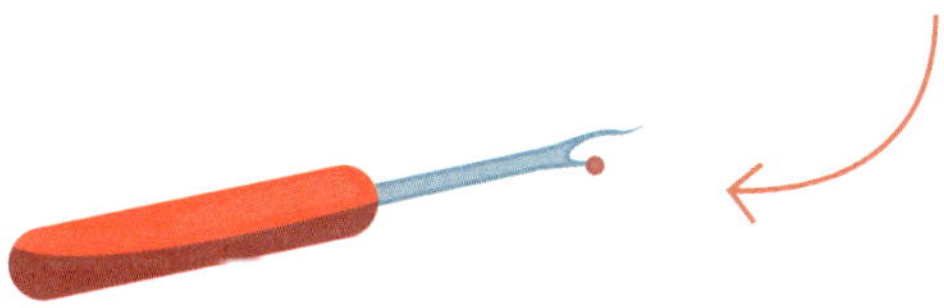

ROLLSCHNEIDER

Gerade beim Zuschnitt von elastischen Stoffen wie Jersey zahlt sich der Rollschneider aus. Er ist super präzise und liefert ein besonders sauberes Zuschnittergebnis. Besonders wichtig ist hier das Unterlegen einer Schneidematte!

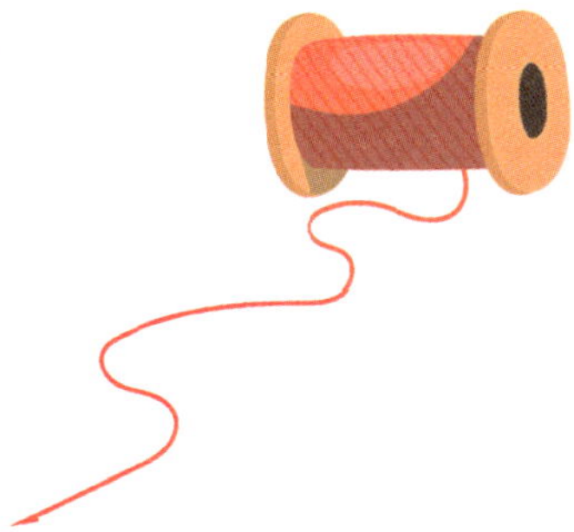

SCHNEIDEMATTE

Die Schneidematte sorgt für einen ebenen Untergrund und dafür, dass der Rollschneider nicht stumpf wird wie auf anderen Untergründen. Schneidematten gibt es in vielen verschiedenen Größen, Formen und Farben, hier ist also für jede*n etwas Passendes dabei. Das Besondere an Schneidematten ist übrigens, dass sie selbstheilende Fähigkeiten haben und sich die Schnittlinien auf der Matte wieder zurückbilden.

DRUCKKNOPFZANGE

Gerade für Kinderkleidung sind Druckknöpfe unerlässlich. Um diese einzuarbeiten, brauchst du keine handwerklichen Vorkenntnisse, sondern lediglich eine gute Druckknopfzange als Werkzeug. Je nachdem für welche Druckknöpfe du dich entscheidest, sind in den meisten Fällen schon die richtigen Zangenaufsätze dabei.

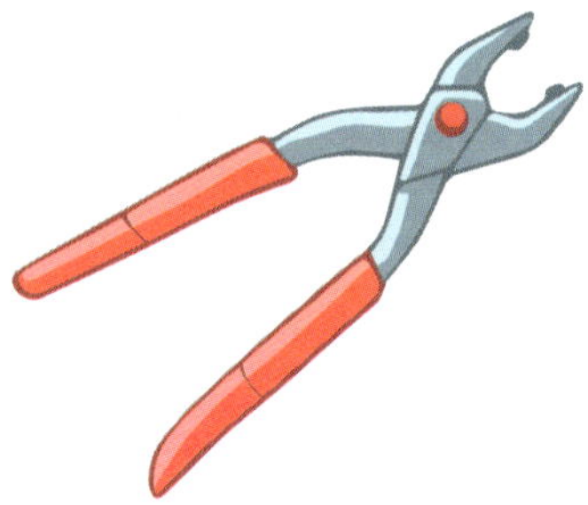

HANDMASS

Beim Nähen kommt es oft auf Präzision an! Damit du den richtigen Saumabstand oder gleichmäßige Abstände zwischen den Knopfpositionen ausmessen kannst, empfiehlt sich ein sogenanntes Handmaß, welches einem Lineal ähnelt.

STECKNADELN UND KLAMMERN

Stecknadeln und Klammern sind deine wichtigsten Helferlein beim Nähen, denn sie werden zum Fixieren von Saumkanten genutzt, um mehrere Stofflagen passgenau zusammenzuhalten, oder um zum Beispiel Knopflochpositionen zu markieren. Lege hier also großen Wert auf Qualität, du wirst sie viel benutzen.

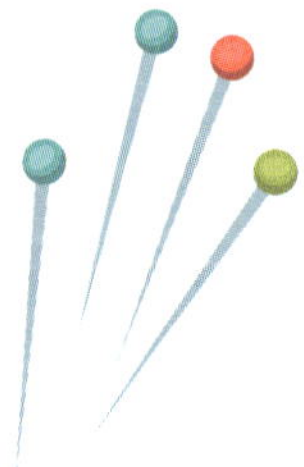

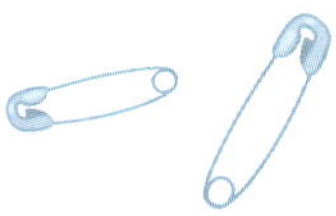

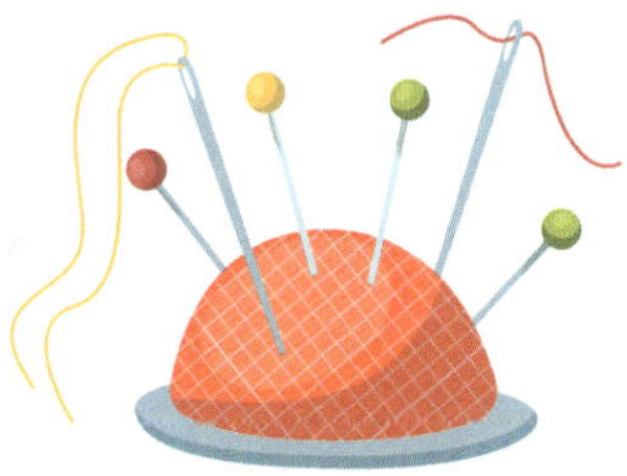

MARKIERUNGSSTIFT

Beim Nähen kommt es auf Genauigkeit an! Damit deine Nähte passgenau an der richtigen Stelle sitzen, ist es unerlässlich, die ein oder andere Stelle vorab zu markieren. Für das Markieren selbst gibt es unzählige Methoden und Werkzeuge. Für unsere Anleitungen empfehle ich dir, mit Kreidestiften zu arbeiten, deren unerwünschte Reste du mit einem Microfasertuch gut wieder von der Kleidung entfernen kannst, oder einen Trickmarker, welcher nach einiger Zeit von selbst verschwindet. Eine super Alternative sind übrigens auch Markierungsstifte, deren Markierungen durch die Hitze des Bügeleisens verschwinden. Hier kommt es ein wenig auf das Nähprojekt und die persönliche Vorliebe an.

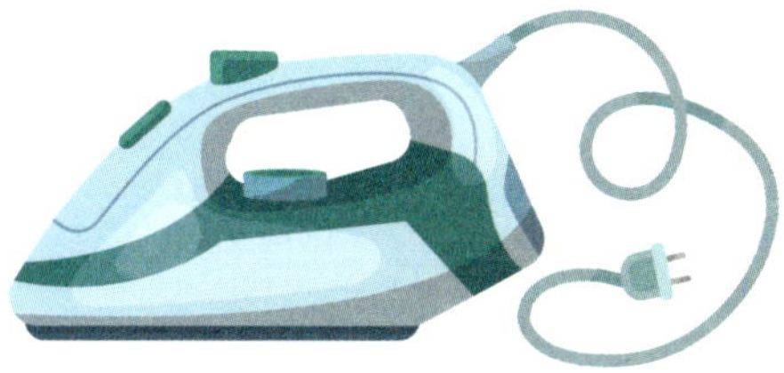

BÜGELEISEN

In meinem Nähzimmer ist das Bügeleisen immer sofort griffbereit, denn „gut gebügelt ist halb genäht"! Es gibt mehrere Gründe, warum das Bügeln von Schnittteilen super wichtig ist. Ein Grund ist beispielsweise, dass es dir hilft, Saumkanten vor dem Vernähen sauber vorzubereiten. Ein anderer Grund ist, dass du die gewünschte Passform eines Teils manchmal erst mit dem Bügeln erzielst. Bügle den Stoff, wenn möglich, immer auf der linken Stoffseite, um unschöne Glanzstellen zu vermeiden oder Bügelrückstände nicht auf die schöne Stoffseite zu übertragen.

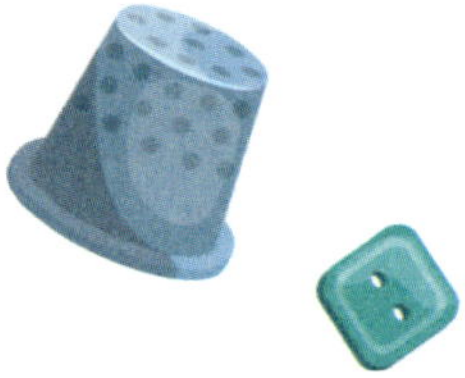

NÄHGARN

Ich glaube, jede*r Nähanfänger*in hat zu Anfang schon einmal unterschätzt, wie wichtig es ist, auf eine hohe Qualität des Nähgarns zu achten. Minderwertiges Nähgarn zaubert dir unschöne Nähte, Fadensalat und zwingt jede Nähmaschine, sei sie noch so hochwertig, in die Knie. Um Frust zu vermeiden, setze also unbedingt auf Qualitätsgarn.

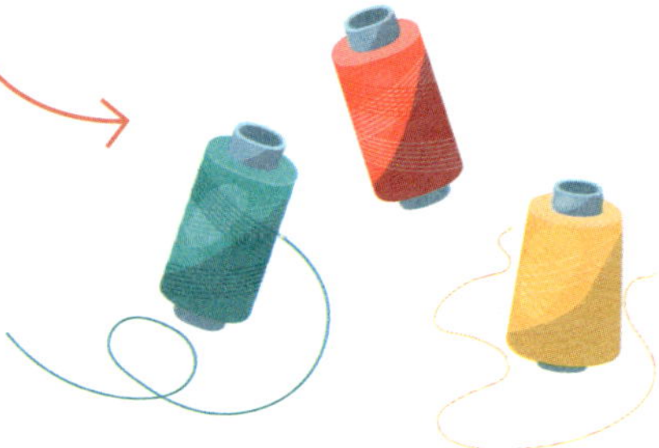

JERSEYNADEL FÜR DIE NÄHMASCHINE

Für ein perfektes Ergebnis möchte ich dir Jerseynadeln ans Herz legen. Diese haben eine abgerundete Spitze und bewahren den Stoff beim Durchdringen vor kleinen Löchern, da sie die Maschen verdrängen, statt sie zu zerschneiden.

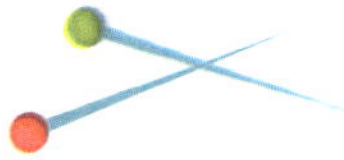

WAS DU WISSEN MUSST, BEVOR ES LOSGEHT

Bevor es nun ans Eingemachte geht, möchte ich dir ans Herz legen, die Anleitungen immer einmal komplett durchzulesen, damit du weißt, was auf dich zukommt. Außerdem ist es hilfreich, alle benötigten Materialien bereitzulegen und die Vollständigkeit aller Schnittteile zu prüfen. Das kann dir eine Menge Nerven ersparen.

Damit du endlich loslegen kannst, erkläre ich dir auf den nächsten Seiten noch ein paar Grundlagen. Manche Anleitungen beinhalten immer wieder dieselben Steps, daher gehe ich in den Anleitungen nicht erneut auf die Basisschritte ein und erkläre sie dir in diesem Kapitel einmal gebündelt.

WICHTIGE BEGRIFFLICHKEITEN

FADENLAUF

Im Schnittmuster findest du auf jedem Schnittteil Pfeile, welche die Fadenlaufrichtung angeben. Deine Schnittteile sollten immer in Richtung des Fadenlaufs, also parallel zur Webkante, liegen. Wenn du dir unsicher bist, kannst du deinen Jersey in beide Richtungen stretchen. Die weniger dehnbare Seite läuft in Richtung des Fadenlaufs.

STOFFBRUCH

Wenn bei einem Schnittteil „im Bruch zuschneiden" steht, faltest du den Stoff übereinander und legst die Bruchkante des Schnittmusters genau an die gefaltete Stoffkante, sodass du an den restlichen Kanten entlang schneiden kannst. Die Bruchkante wird nicht angeschnitten!

NAHTZUGABE

Die Schnittmuster aus meinem Buch enthalten keine Nahtzugabe. Um diese zuzufügen, fixierst du die Schnittmusterteile mit Stecknadeln oder Nähgewichten auf dem Stoff. Miss jeweils ringsherum um das Schnittmusterteil 0,7 cm ab und zeichne diese mit Schneiderkreide so auf den Stoff, dass es für dich als Orientierung beim Zuschneiden dient. Wie du auf Basis der Schnittmusterbogen im Buch die passenden Schnittmusterteile erstellen kannst, erkläre ich dir auf Seite 44.

SAUMZUGABE

Immer wenn eine Kante gesäumt wird, braucht es eine Saumzugabe. Die Maße der Saumzugabe können je nach Platzangebot und Art des Saums variieren und sind deshalb in jedem Projekt individuell aufgeführt. Ein Saum entsteht dann, wenn eine Kante umgeschlagen und abgesteppt wird, wie zum Beispiel bei Ärmelabschlüssen oder Knopfleisten. Wenn eine Saumzugabe gegeben wird, braucht es an dieser Stelle keine Nahtzugabe.

LINKE UND RECHTE STOFFSEITE

In jeder Nähanleitung wirst du über „linke und rechte Stoffseiten" stolpern. Mit der rechten Stoffseite ist die „schöne", später sichtbare Stoffseite gemeint, die linke Seite ist dementsprechend die andere Stoffseite.

HANDWERKLICHES 1X1

Wie du das Schnittmuster richtig auf Papier überträgst

Um die gewünschte Größe des Schnittmusters ohne Probleme auf dein Transparentpapier zu übertragen, legst du dieses möglichst platzsparend auf die gewünschte Stelle des Schnittbogens und fixierst es an einigen Stellen mit Stecknadeln. Anschließend kannst du mit einem Kopierrädchen oder einem Bleistift auf den Linien der gewünschten Konfektionsgröße entlangfahren. Achte darauf, genug Platz für die Naht- und Saumzugabe einzuplanen.

Naht sichern

Wenn du eine Naht mit deiner Nähmaschine setzt, solltest du diese am Anfang und am Ende sichern, damit der Faden sich nicht wieder ausfädelt. Du beginnst also eine Naht, indem du drei Stiche vorwärts und dann drei Stiche rückwärts nähst und anschließend deine Naht vorwärts fortsetzt. Am Ende deiner Naht setzt du ebenfalls noch einmal drei Stiche zurück und drei Stiche vor. Bei diesem Vorgang wird auch von „verriegeln" gesprochen.

Fadenraupe sauber verarbeiten

Am Anfang und Ende einer Overlocknaht bleibt die sogenannte Fadenraupe stehen (Bild 1). So nennt sich die Fadenkette, die die Overlockmaschine hinterlässt. Diese solltest du auf keinen Fall einfach abschneiden, sondern ebenfalls sichern, da sich sonst die Naht auflösen kann. Um dies zu tun, kannst du am Anfang und Ende jeder Naht einen Knoten in die Fadenraupe machen und den Rest der Fadenkette durch die letzten 3 cm deiner Overlocknaht ziehen. Dafür kannst du eine große Ledernähnadel zu Hilfe nehmen oder eine Fangnadel (Bild 2 und 3). Den Rest der Fadenkette schneidest du einfach ab.

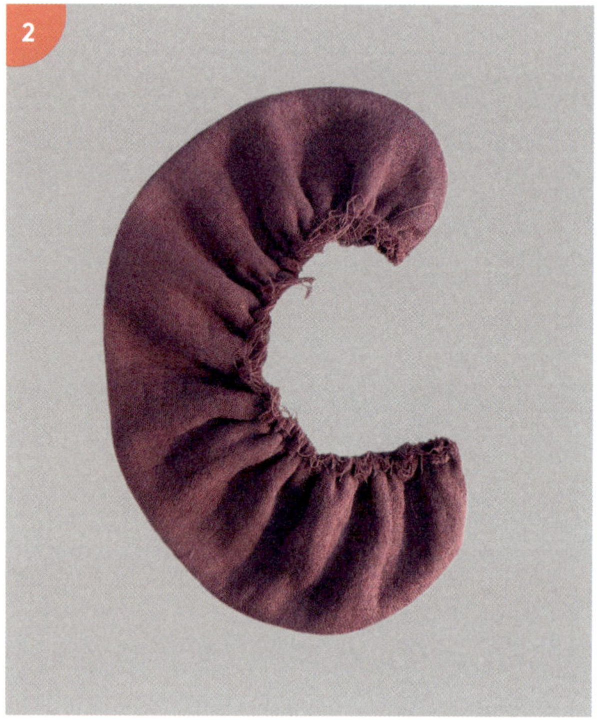

Kräuseln

Um eine Stoffkante zu kräuseln oder zu rüschen, stellst du die Stichlänge deiner Nähmaschine auf die größtmögliche Stichlänge ein und steppst knappkantig an der offenen Schnittkante entlang. Lass die Fadenanfänge und -enden etwas länger stehen und verriegle die Nähte nicht (Bild 1)! Jetzt ziehst du entweder am Ober- oder Unterfaden und kräuselst die Schnittkante gleichmäßig der Länge nach (Bild 2).

Wichtig: Nicht an beiden Fäden ziehen, denn sonst blockieren die Nähte und der Stoff lässt sich nicht mehr kräuseln!

Schnittteile mit Bügelvlies verstärken

Beim Nähen sind es manchmal die kleinen Feinheiten, die das Stück am Ende perfekt machen. So ist es unter anderem unheimlich wichtig, dass du manche Stellen vor der Verarbeitung mit einer Vlieseinlage verstärkst. Diese kann beispielsweise verhindern, dass Knopflöcher mit der Zeit ausleiern, oder sogar den Nähvorgang erleichtern, da sie dem Stoff Stabilität gibt. Vlieseinlage bewahrt auch Druckknöpfe vor dem Ausreißen und kann dir helfen, einzelne Details wie zum Beispiel Taschen zu applizieren, da sie verhindert, dass sich der Stoff aufrollt und verzieht.

Es gibt eine Menge an unterschiedlichen Vlieseinlagen, denn die Einsatzgebiete sind vielfältig. Neben extra dünnen oder besonders stabilen Einlagen gibt es auch das Volumenvlies, welches deinem Nähprojekt erst die gewünschte gepolsterte Haptik beschert.

In den folgenden Nähprojekten nutze ich ausschließlich Bügelvlies. Um die gewünschte Stoffstelle mit der Einlage zu verbinden, legst du die linke Stoffseite auf die beschichtete Oberfläche der Vlieseinlage und bügelst die Stelle, bis sich beide Lagen miteinander verbunden haben.

TIPP:

Achte unbedingt darauf, dass du auf der Stoffseite bügelst oder lege etwas Backpapier zwischen Bügeleisen und Vlies, damit die empfindliche Vlieseinlage nicht am Bügeleisen zerschmilzt!

PROJEKTE

ZU DEN PROJEKTEN

GRÖSSENAUSWAHL

Da unsere Kinder alle unterschiedlich sind, ist es gerade bei Einteilern manchmal gar nicht so leicht, sich für die richtige Größe zu entscheiden. Damit du ganz sicher sein kannst, dass dein Werk auch passt, habe ich dir auf den folgenden Seiten für alle Einteiler Maßtabellen zur Verfügung gestellt. Miss also unbedingt Stellen wie die Oberkörper-, Bein- und Armlänge aus, um ggf. den Schnitt ein wenig anzupassen oder um sicherzugehen, dass du dich für die richtige Größe entschieden hast.

SCHWIERIGKEITSGRADE

Die angegebenen Schwierigkeitsgrade sollen dir eine Orientierung geben, was dich vom Aufwand her erwartet. Doch scheu dich nicht davor, auch einen Schnitt anzugehen, der deinen Nähskills im Moment vielleicht noch nicht entspricht, denn Übung macht den Meister! Meistens bist du schon mit ganz viel Geduld und Genauigkeit bestens gerüstet.

- ● Schaffst du locker!
- ● ● Mit Zeit und Geduld wirst du es meistern!
- ● ● ● Hier sind Fingerspitzengefühl und etwas Näherfahrung gefragt!

ZUSCHNITT

Bevor du mit dem Zuschnitt beginnst, schau dir die Schnittteile noch einmal genau an und überlege, ob du alles bedacht hast. Frage dich also bei jedem Schnittteil:

» *Brauche ich eine Saumzugabe, wenn ja, wo und wie viel?*

» *Habe ich die Nahtzugabe eingeplant?*

» *Ist das Schnittmuster in Anbetracht des Fadenlaufs richtig positioniert?*

» *Welche Teile müssen gegengleich zugeschnitten werden?*

» *Muss das Teil im Bruch zugeschnitten werden?*

MASSTABELLEN FÜR DIE EINTEILER

ONESIE

Die Anleitung für dieses Projekt findest du auf Seite 83.

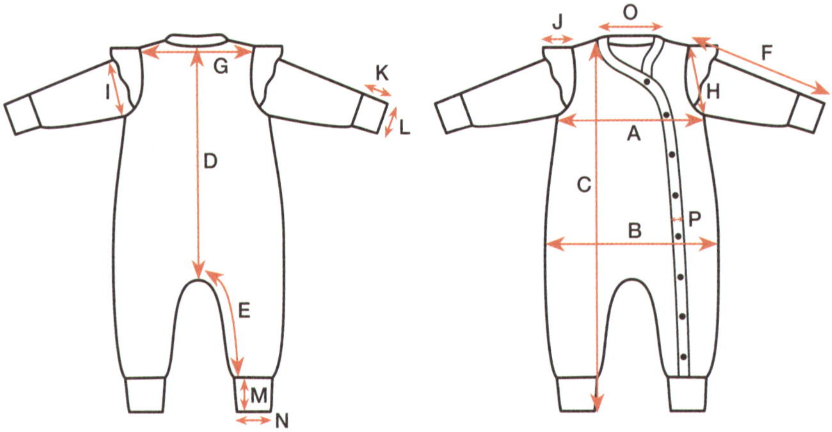

		50	56	62	68	74	80	86	92	98	104
A	Brustumfang	23,2	24	24,8	25,6	26,4	27,2	28	28,8	29,6	30,4
B	Hüftumfang	24,75	25,85	26,95	28,05	29,15	30,25	31,35	32,45	33,55	34,65
C	Länge insgesamt	49,4	53,4	57,4	61,4	65,7	69,7	73,7	77,9	81,9	85,9
D	Länge hinten	33,7	35,6	37,6	39,5	41,5	43,4	45,4	47,3	49,3	51,2
E	Innere Beinlänge	10,8	12,6	14,4	16,2	18	19,8	21,6	23,4	25,2	27
F	Ärmel Länge	22,9	24,2	25,4	26,7	27,9	29,2	30,4	31,7	32,9	34,2
G	Schulter bis Schulter	19,2	19,7	20,2	20,7	21,2	21,7	22,2	22,7	23,2	23,7
H	Ärmelöffnung	9,5	9,9	10,3	10,7	11,2	11,6	12	12,4	12,9	13,3
I	Ärmelweite	9	9,4	9,8	10,2	10,6	11	11,4	11,8	12,2	12,6
J	Rüschenlänge	4,25	4,25	4,25	4,25	4,25	4,25	4,25	4,25	4,25	4,25
K	Ärmelbündchen Länge	5,5	5,75	6	6,25	6,5	6,75	7	7,25	7,5	7,75
L	Ärmelbündchen Öffnung	5,5	5,75	6	6,25	6,5	6,75	7	7,25	7,5	7,75
M	Beinbündchen Länge	6	6,2	6,5	6,7	7,2	7,5	7,7	8,2	8,5	8,7
N	Beinbündchen Öffnung	6	6,2	6,5	6,7	7	7,2	7,5	7,7	8	8,2
O	Nackenausschnitt	8,9	9,3	9,7	10,1	10,5	10,9	11,3	11,7	12,1	12,5
P	Knopfleiste	1,8	1,8	1,8	1,8	1,8	1,8	1,8	1,8	1,8	1,8

JUMPSUIT

Die Anleitung für dieses Projekt findest du auf Seite 99.

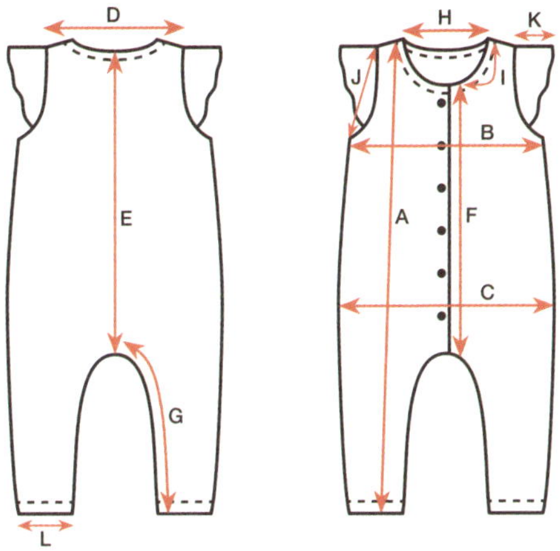

		50	56	62	68	74	80	86	92	98	104
A	Länge insgesamt	49	52,75	56,5	60,25	64	67,75	71,5	75,25	79	82,75
B	Brustumfang	23,2	24	24,8	25,6	26,4	27,2	28	28,8	29,6	30,4
C	Hüftumfang	24,5	25,6	26,7	27,8	28,9	30	31,1	32,2	33,3	34,4
D	Schulter bis Schulter	16,3	16,8	17,3	17,8	18,3	18,8	19,3	19,8	20,3	20,8
E	Länge hinten	32,9	34,8	36,8	38,7	40,7	42,7	44,6	46,6	48,50	50,5
F	Länge vorne	29	30,8	32,6	34,4	36,2	38	39,8	41,6	43,4	45,2
G	Innere Beinlänge	16,3	18,1	19,9	21,7	23,5	25,3	27,1	28,9	30,7	32,5
H	Nackenausschnitt	10,1	10,4	10,7	11	11,3	11,6	11,9	12,2	12,5	12,8
I	Halsausschnitt	5,4	5,6	5,8	6	6,2	6,4	6,6	6,8	7	7,2
J	Ärmelöffnung	11,4	11,8	12,2	12,6	3	13,5	13,9	14,3	14,7	15,1
K	Rüschenlänge	5	5	5	5	5,5	5,5	5,5	6	6	6
L	Beinöffnung	8	8,4	8,8	9,2	9,6	10	10,4	10,8	11,2	11,6

ROMPER

Die Anleitung für dieses Projekt findest du auf Seite 107.

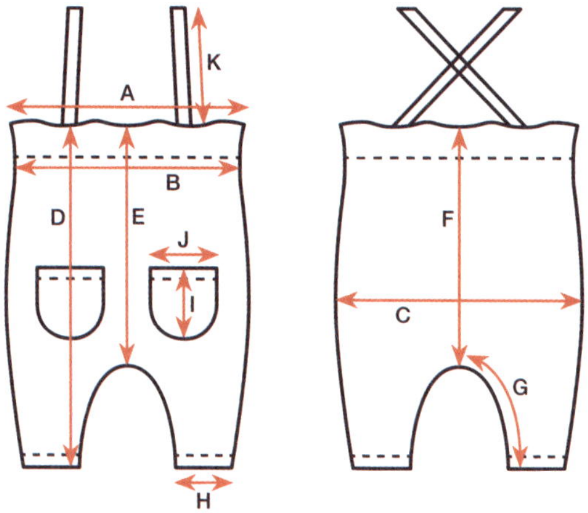

		50	56	62	68	74	80	86	92	98	104
A	Brust geweitet	30,2	31,4	32,6	33,8	35	36,2	37,4	38,6	39,8	41
B	Brust entspannt	23,2	24	24,8	25,6	26,4	27,2	28	28,8	29,6	30,4
C	Hüftumfang	28,6	29,8	31	32,2	33,5	34,7	35,9	37,1	38,3	39,6
D	Länge gesamt	33,7	36,5	39,3	42,1	44,9	48,7	52,5	56,8	61,1	65,4
E	Länge hinten	25,3	26,9	28,5	30,1	31,7	33,7	34,9	37	39,1	41,2
F	Länge vorne	25,3	26,9	28,5	30,1	31,7	33,7	34,9	37	39,1	41,2
G	Innere Beinlänge	11,5	12,7	13,9	15,1	16,3	18,5	20,8	23,1	25,4	27,7
H	Beinöffnung	6	6,25	6,5	6,8	7,1	7,5	7,75	8	8,3	8,65
I	Taschenlänge	7,9	8,3	8,7	9,1	9,5	9,9	10,3	10,7	11,1	11,5
J	Taschenbreite	7,4	7,8	8,2	8,6	9	9,4	9,8	10,2	10,6	11
K	Trägerlänge	32	32,5	33	33,5	34	34,5	35	35,5	36	36,5

KURZARM-OVERALL

Die Anleitung für dieses Projekt findest du auf Seite 123.

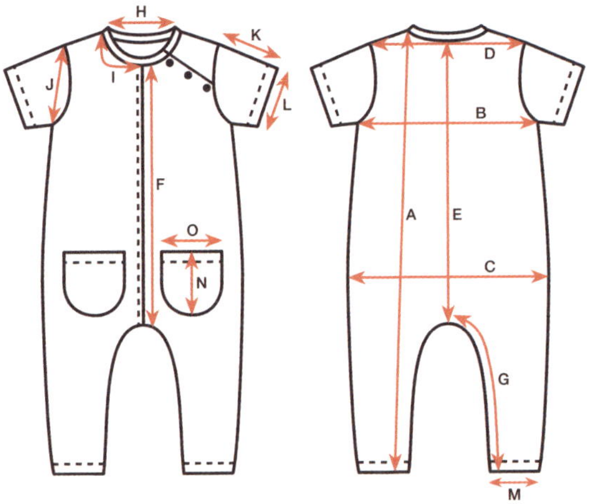

		50	56	62	68	74	80	86	92	98	104
A	Länge insgesamt	49	52,75	56,5	60,25	64	67,75	71,5	75,25	79	82,75
B	Brustumfang	23,2	24	24,8	25,6	26,4	27,2	28	28,8	29,6	30,4
C	Hüftumfang	24,5	25,6	26,7	27,8	28,9	30	31,1	32,2	33,3	34,4
D	Schulter bis Schulter	19,2	19,7	20,2	20,7	21,2	21,7	22,2	22,7	23,2	23,7
E	Länge hinten	31,9	33,8	35,7	37,6	39,5	41,4	43,3	45,2	47,1	49
F	Länge vorne	29	30,75	32,5	34,25	36	37,75	39,5	41,25	43	44,75
G	Innere Beinlänge	16,3	18,1	19,9	21,7	23,5	25,3	27,1	28,9	30,7	32,5
H	Nackenausschnitt	9,7	10,1	10,5	10,9	11,3	11,7	12,1	12,5	12,9	13,3
I	Halsausschnitt	5,5	5,75	6	6,25	6,5	6,75	7	7,25	7,5	7,75
J	Ärmelöffnung	9,5	9,9	10,3	10,7	11,2	11,6	12	12,4	12,9	13,3
K	Ärmellänge	5	5	5	5	5,5	5,5	5,5	6	6	6
L	Ärmelöffnung	8	8,4	8,8	9,2	9,6	10	10,4	10,8	11,2	11,6
M	Beinöffnung	6,5	6,8	7,1	7,4	7,7	8	8,3	8,6	8,9	9,2
N	Taschenhöhe	7,9	8,3	8,7	9,1	9,5	9,9	10,3	10,7	11,1	11,5
O	Taschenbreite	7,4	7,8	8,2	8,6	9	9,4	9,8	10,2	10,6	11

BODY

Schaffst du locker!

» Bodys sind das perfekte Kleidungsstück für Babys und Kleinkinder. Wie viel wertiger sich ein selbstgenähter Body gegenüber einem gekauften anfühlt, musst du unbedingt selbst erfahren. Deswegen trau dich ruhig an dieses Schnittmuster ran, ich bin mir sicher, du wirst nicht nur einen Body nähen!

STOFFAUSWAHL:

Wähle einen Jerseystoff nach deinem Geschmack. Für die Anleitung habe ich klassischen Baumwolljersey verwendet.

DAS BRAUCHST DU:

Stoffverbrauch bei 140 cm Stoffbreite:

- Gr. 50–56: 40 cm
- Gr. 62–68: 45 cm
- Gr. 74–80: 50 cm
- Gr. 86–92: 60 cm
- Gr. 98–104: 65 cm
- 2–3 Druckknöpfe (8–10 mm Ø)
- Druckknopfzange

ZUSCHNITT:

Füge rundherum 0,7 cm Nahtzugabe hinzu und beachte die Saumzugabe!

- 1x Vorderteil im Bruch (SB 1)
- 1x Rückteil im Bruch (SB 1)
- 2x Ärmel im Bruch (SB 1)
- 4x Rüsche im Bruch (SB 1)
- 1x vorderes Halsbündchen im Bruch (SB 1)
- 1x hinteres Halsbündchen im Bruch (SB 1)
- 1x Bündchen Beinöffnung (SB 1)

Saumzugabe Ärmel

2 cm

HINWEIS:

Kennzeichne dir direkt zu Anfang die Markierungspunkte aus dem Schnittmuster an den Ärmeln und am Vorder- und Rückteil des Bodys!

1. Falte das hintere Halsbündchen links auf links der Länge nach, fixiere es in regelmäßigen Abständen rechts auf rechts am Halsausschnitt des Rückteils und nähe es mit einem elastischen Stich fest. Wiederhole dies mit dem vorderen Bündchen am Vorderteil. Wenn dein Body keine Rüschen haben soll, überspringe einfach Punkt 2 und 4.

2. Lege jeweils zwei der vier Rüschen rechts auf rechts und schließe die Schnittteile an der äußeren, runden Kante. Wende die Rüschen auf die rechte Seite und bügle sie in Form.

3. Lege nun das Rückteil mit der linken Stoffseite auf die rechte Stoffseite des Vorderteils. Achte darauf, dass die Markierungspunkte genau übereinander liegen und fixiere diese Punkte mit Klammern.

4. Fixiere auch direkt die Rüschen an den Armausschnitten, indem du zuerst die Mitte der offenen Kante genau an dem Markierungspunkt und anschließend den Rest der Rüsche am Armausschnitt gleichmäßig feststeckst. Nähe die Rüschen mit einem Geradstich fest.

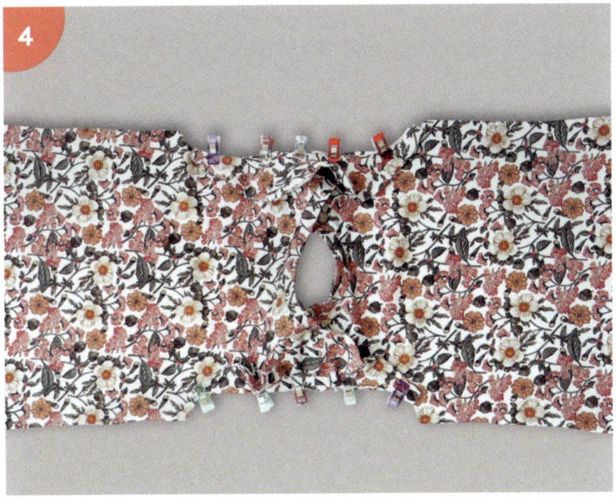

5. Lege einen der Ärmel rechts auf rechts auf den ausgebreiteten Body und fixiere ihn in regelmäßigen Abständen mit Klammern am Ärmelausschnitt. Die Rüsche liegt nun zwischen den beiden Stofflagen. Vernähe die Schulternaht mit deiner Overlockmaschine oder dem Zickzackstich deiner Nähmaschine. Wiederhole die Schritte mit dem zweiten Ärmel.
   Versäubere dann die gegenüberliegenden Ärmelkanten.

6. Lege das Vorderteil des Bodys kantengleich und rechts auf rechts auf das Rückteil, falte die Ärmel übereinander und schließe eine offene Seite des Bodys vom Ärmelsaum bis zur Hüfte in einem Zug. Achtung: Die andere Seite des Bodys wird erst später geschlossen!

7. Falte nun das Bündchen für den Beinausschnitt links auf links der Länge nach zur Mitte und stecke es in regelmäßigen Abständen rechts auf rechts an der Beinöffnung fest. Beginne an der noch offenen Seite des Bodys und arbeite dich einmal ringsherum. Nähe das Bündchen mit deiner Overlockmaschine oder dem Zickzackstich deiner Nähmaschine an.

8. Wende den Body auf die linke Seite, lege das Rückteil wieder kantengleich auf das Vorderteil und schließe auch die andere offene Seite des Bodys. Anschließend schlägst du die versäuberten Kanten der Ärmelöffnungen jeweils 2 cm links auf links um und steppst den Saum knappkantig mit einem Elastikstich ab.

9. Damit später nichts stört, fixierst du die Nahtzugabe an der Beinöffnung mit ein paar Stichen am Body.

10. Zum Schluss arbeitest du noch die Druckknöpfe im Schritt ein. Positioniere dafür 2–3 Druckknöpfe und befestige sie. Fertig!

HINWEIS:

Mein Bildmaterial entspricht der Paperbag-Version, die Arbeitsschritte werden jedoch für beide Versionen erklärt.

HAREMSHOSE

Schaffst du locker!

» Gemütlich und kuschelig muss eine Hose sein, wenn man die Welt aus jedem Winkel entdecken möchte – mit diesem Gedanken habe ich an diesem Schnittmuster gearbeitet, wohl wissend, dass wir alle uns im Laufe unseres Lebens noch oft genug in unbequeme Jeans zwängen werden…

STOFFAUSWAHL:

Wähle einen Jerseystoff nach deinem Geschmack. Für die Anleitung habe ich Frotteejersey verwendet.

DAS BRAUCHST DU:

Stoffverbrauch bei 140 cm Stoffbreite:

- Gr. 50–56: 40 cm
- Gr. 62–68: 45 cm
- Gr. 74–80: 50 cm
- Gr. 86–92: 55 cm
- Gr. 98–104: 60 cm
- Gummiband mit 2,5 cm Breite in der passenden Länge (s. unten)
- Ggf. Kordel/Stoffband zum Verzieren mit einer Schleife

Länge Gummiband:

- Gr. 50–56: 40 cm
- Gr. 62–68: 42 cm
- Gr. 74–80: 44 cm
- Gr. 86–92: 46 cm
- Gr. 98–104: 48 cm

HINWEIS:

Du kannst die Hose mit normalem Elastikbund oder als Paperbag-Version nähen. Wähle die entsprechende Schnittkante im Schnittmuster aus. Wenn du dich für die Paperbag-Version entscheidest, übertrage dir aus dem Schnittmusterbogen ein paar Markierungspunkte der Faltlinie auf deine Schnittteile.

ZUSCHNITT:

Füge rundherum 0,7 cm Nahtzugabe hinzu und beachte die Saumzugaben!

- 1x Vorderteil im Bruch (SB 1)
- 1x Rückteil im Bruch (SB 1)

Saumzugabe Bund:

2,5 cm

Saumzugabe Bein:

2 cm

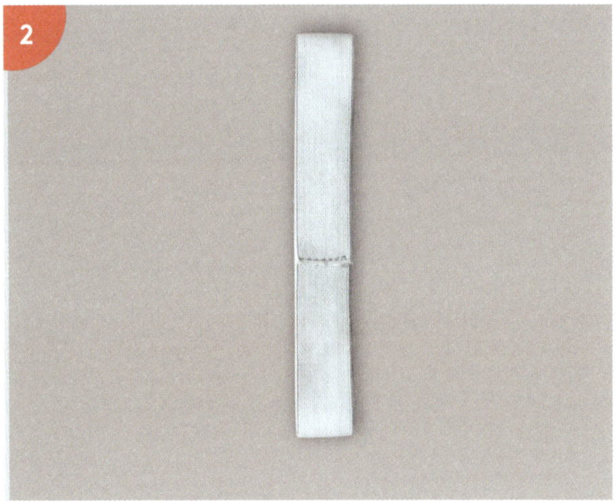

1. Lege zuerst das Vorderteil der Hose rechts auf rechts auf das Rückteil und vernähe die Schnittteile an den äußeren Kanten miteinander. Versäubere anschließend die Beinsäume und schließe dann die innere Beinkante. Nutze entweder den Zickzackstich deiner Nähmaschine oder deine Overlockmaschine.

2. Schließe das Gummiband zu einem Ring. Lege dafür beide Enden ca. 1 cm übereinander und fixiere sie mit einem Geradstich.

3. Lege dann das Gummiband an die obere, offene Kante der Hose und fixiere es in regelmäßigen Abständen mit Klammern. Anschließend kannst du es entlang der Kante mit deiner Overlockmaschine oder mit dem Zickzackstich deiner Nähmaschine vernähen.

4. Schlage im Anschluss die versäuberten Kanten der Beinöffnungen ca. 2 cm links auf links um und steppe den Beleg mit einem elastischen Stich ab.

5. **Version 1: Normaler Bund**
Die Hose liegt mit der linken Seite nach außen vor dir. Klappe nun das Gummiband nach unten um, sodass sich der Stoff einmal rundherum legt und den Saum bildet. Fixiere die obere, umgeschlagene Saumkante. Steppe die untere, offene Kante anschließend sauber ab. Halte dabei das Gummiband immer auf Zug. Fahre mit Schritt 6 fort.

5.1. **Version 2: Paperbag-Bund**
Die Hose liegt mit der linken Seite nach außen vor dir. Falte die obere Kante der Hose samt Gummiband ringsum an den zuvor eingezeichneten Markierungspunkten der Faltlinie nach unten um. Fixiere die Saumkante des Gummibandes mit Stecknadeln und steppe die Kante ab.

5.2. **Version 2: Paperbag-Bund**
Das Gummiband liegt nun zwischen den beiden Stofflagen des Saums. Setze an der oberen Kante des Gummibands ringsum Stecknadeln, damit du auch diese Kante sauber absteppen kannst und das Gummiband somit nicht mehr im Saum verrutscht. Anschließend solltest du einen gleichmäßigen Überstand des Stoffes am Saum herausgearbeitet haben. Wende die Hose nun auf die rechte Seite.

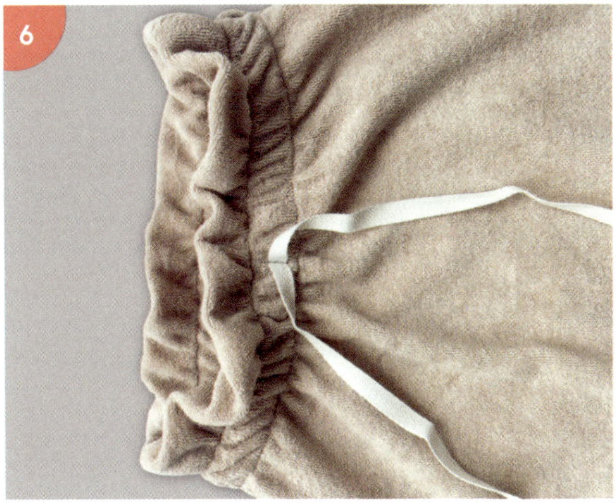

6. Wenn du deine Hose mit einer Kordel oder einem Schleifenband dekorieren möchtest, schneide dir einfach ein Stück ab und lege die Mitte des Bandes oder der Kordel auf die vordere Mitte des Gummizuges und nähe das Stück fest. Jetzt kannst du z. B. einen einfachen Knoten machen oder eine Schleife binden. Und fertig ist deine Haremshose!

OVERSIZE-LONGSLEEVE

⊛ Schaffst du locker!

» Wie du weißt, mag ich es unaufgeregt, nutze jedoch gerne verspielte Details, um einem Kleidungsstück das besondere Etwas zu geben. Hier sorgen eine Teilungsnaht sowie eine Brusttasche für Abwechslung und einen lässigen Look.

STOFFAUSWAHL:

Wähle einen Jerseystoff nach deinem Geschmack. Für die Anleitung habe ich klassischen Baumwolljersey verwendet.

DAS BRAUCHST DU:

Stoffverbrauch bei 140 cm Stoffbreite:

- Gr. 50–56: 40 cm
- Gr. 62–68: 45 cm
- Gr. 74–80: 50 cm
- Gr. 86–92: 55 cm
- Gr. 98–104: 60 cm
- Ggf. 10 x 10 cm dünnes Bügelvlies zum Verstärken der Brusttasche (z.B. Vlieseline G 785)

ZUSCHNITT:

Füge rundherum 0,7 cm Nahtzugabe hinzu und beachte die Saumzugaben!

- 2x Vorderteil gegengleich (SB 1)
- 2x Ärmel im Bruch (SB 1)
- 1x Rückteil im Bruch (SB 1)
- 1x Halsbündchen (SB 1)
- 1x Tasche (SB 1)

Saumzugabe Tasche:
2 cm

Saumzugabe Ärmel:
2 cm

Saumzugabe unten:
2 cm

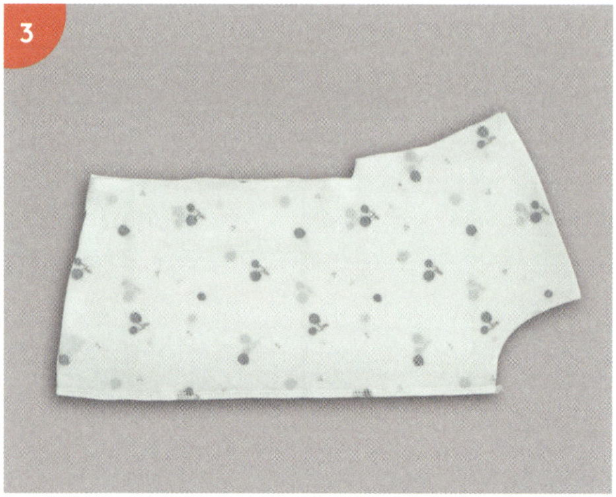

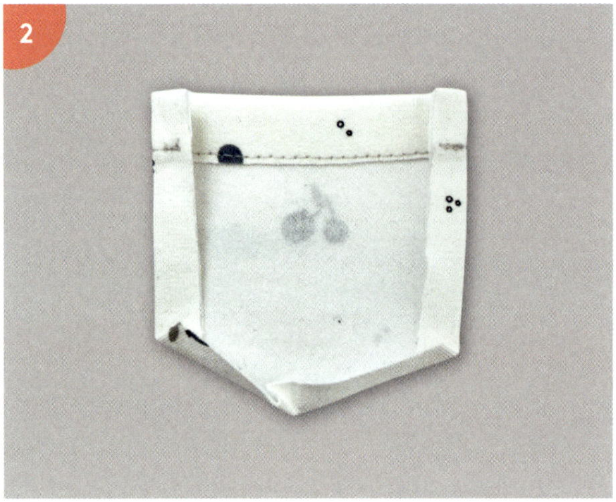

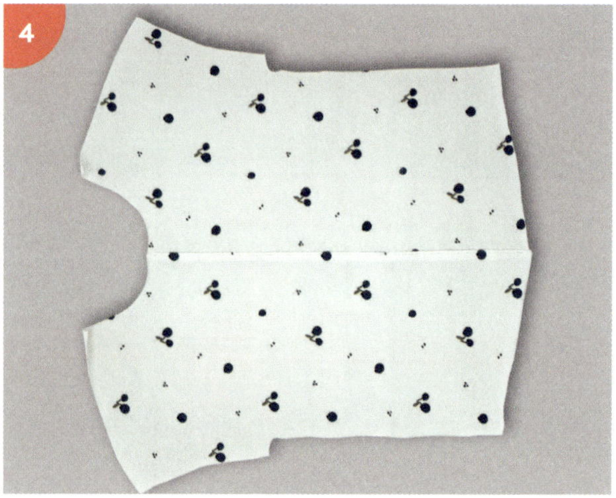

1. Bereite dir als Erstes die Brusttasche vor. Wenn du einen sehr dünnen Jerseystoff gewählt hast, welcher sich schnell aufrollt, kannst du es dir ein wenig leichter machen und die Tasche mit dünnem Bügelvlies verstärken. Dieses bügelst du auf die linke Stoffseite auf. Lege anschließend die obere, gerade Kante der Tasche 1,5 cm nach innen und bügle sie um. Im Nachgang fixierst du die Kante mit ein paar Stecknadeln und steppst den Saum mit einem einfachen Geradstich knappkantig ab.

2. Als nächstes faltest du die äußeren Kanten jeweils 1 cm nach innen und bügelst diese anschließend. Überprüfe, ob die Tasche einen gleichmäßigen Look hat, bevor sie später vernäht wird.

3. Lege die beiden Vorderteile rechts auf rechts übereinander und vernähe sie an der langen, offenen Kante miteinander, sodass du hinterher ein zusammengenähtes Vorderteil in deinen Händen hältst.

4. Breite das zusammengenähte Vorderteil aus und steppe die Nahtzugabe knappkantig, parallel zur Naht ab. Bügle das Vorderteil schön in Form, damit du die Brusttasche ideal positionieren kannst.

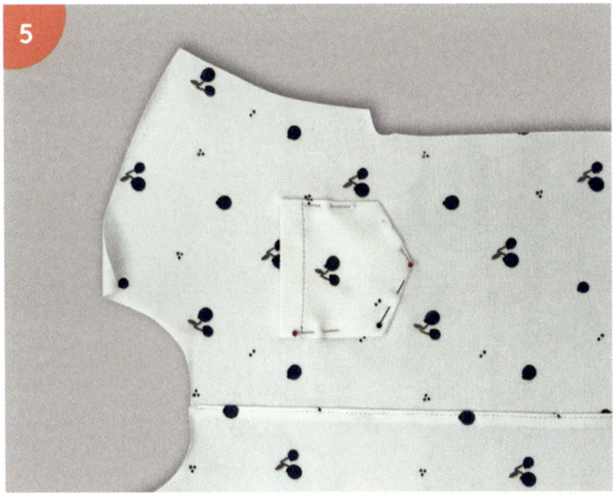

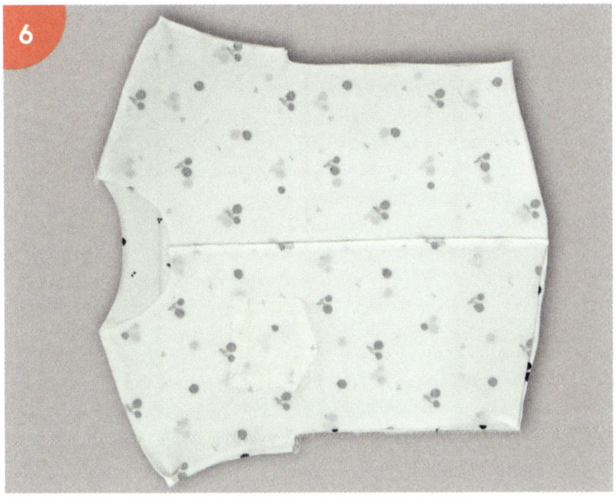

5. Lege die Brusttasche auf deine Wunschposition und fixiere sie an den äußeren Kanten mit Stecknadeln. Steppe die Tasche anschließend auf das Vorderteil auf, indem du knappkantig an den äußeren Kanten entlang nähst.

6. Lege nun das Vorderteil rechts auf rechts auf das Rückteil und vernähe die offenen Schulterkanten miteinander.

7. Breite das zusammengenähte Oberteil vor dir aus und fixiere die Ärmelzuschnitte mit der leicht gebogenen Seite rechts auf rechts an den offenen Ärmelkanten des Oberteils. Nähe die Ärmel an. Versäubere anschließend die unteren, offenen Kanten des Oberteils sowie die Ärmelkanten mit deiner Overlockmaschine oder dem Zickzackstich deiner Nähmaschine.

8. Schließe nun die offenen Seiten des Oberteils. Lege dafür das Vorderteil rechts auf rechts auf das Rückteil und falte die Ärmel zur Hälfte, sodass die Kanten genau übereinander liegen. Anschließend vernähst du Seite für Seite die offenen Kanten. Wenn du mit der Overlockmaschine genäht hast, ziehe die Fadenraupen durch die letzten Zentimeter der Nähte, damit die Nahtabschlüsse schön sauber und gesichert sind.

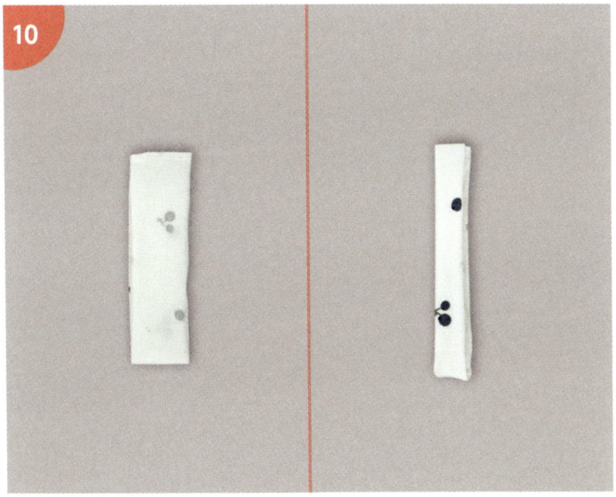

9. Nun säumst du die offenen Kanten der Ärmel und die untere offene Kante des Oberteils. Beginne mit einem Ärmel: Lege die offene Ärmelkante 2 cm um und steppe den Saum knappkantig mit einem elastischen Stich deiner Nähmaschine ab. Wiederhole diesen Schritt bei dem anderen Ärmel.

10. Jetzt hast du es schon fast geschafft! Nähe noch das Halsbündchen an das Oberteil. Lege dafür das Halsbündchen im Bruch links auf links und schließe die kurze, offene Kante mit einem Elastikstich. Falte das Bündchen anschließend der Länge nach links auf links zur Mitte.

11. Lege das Halsbündchen mit den offenen Kanten rechts auf rechts an den Halsausschnitt des Oberteils und fixiere es in regelmäßigen Abständen mit Klammern. Danach schließt du die offenen Kanten. Wähle für diesen Schritt am besten deine Overlockmaschine oder den Zickzackstich deiner Nähmaschine.

12. Zum Schluss steppst du noch die Nahtzugabe des Halsbündchens knappkantig und parallel zur Nahtkante am Oberteil fest. Fertig ist das Oversize-Longsleeve!

LEGGINGS

Schaffst du locker!

*» Frei nach dem Motto „Mit Rüschen ist einfach alles besser" ist diese zauberhafte Leggings für kleine Entdecker*innen entstanden. Doch auch ohne Rüschen überzeugt dieses süße Kleidungsstück mit bequemer Passform und sollte in keinem Kleiderschrank fehlen.*

STOFFAUSWAHL:

Wähle einen Jerseystoff nach deinem Geschmack. Für die Anleitung habe ich Ribjersey verwendet.

DAS BRAUCHST DU:

Stoffverbrauch bei 140 cm Stoffbreite:

- Gr. 50–56: 40 cm
- Gr. 62–68: 45 cm
- Gr. 74–80: 50 cm
- Gr. 86–92: 55 cm
- Gr. 98–104: 60 cm
- Gummiband mit 2,5 cm Breite in der passenden Länge (s. unten)

Länge Gummiband:

- Gr. 50–56: 40 cm
- Gr. 62–68: 42 cm
- Gr. 74–80: 44 cm
- Gr. 86–92: 46 cm
- Gr. 98–104: 48 cm

ZUSCHNITT:

Füge rundherum 0,7 cm Nahtzugabe hinzu und beachte die Saumzugaben!

- 2x Vorderteil gegengleich (SB 4)
- 2x Rückteil gegengleich (SB 4)
- 2x Rüschenband im Bruch (SB 4)

Saumzugabe Bund:

2,5 cm

Saumzugabe Bein:

2 cm

1

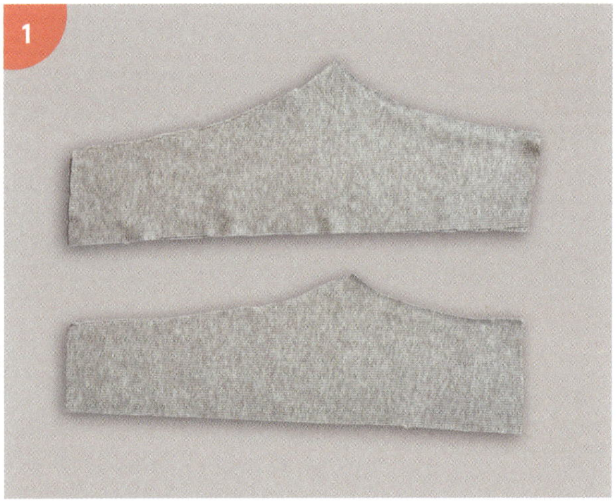

2

3

1. Lege die beiden Rückteile der Leggings rechts auf rechts und nähe sie an der oberen, abgerundeten Kante zusammen. Wiederhole den Schritt auch mit den beiden Vorderteilen. Markiere dir auf dem Rückteil unauffällig die beiden Linien in Form von einzelnen Orientierungspunkten, auf welche die beiden Rüschen nachher angenäht werden sollen. Wenn du keine Rüschen vernähen möchtest, fahre direkt mit Schritt 4 fort.

2. Bereite die Rüschenbänder vor, indem du die äußeren, langen Kanten entweder mit einem Rollsaum versiehst oder mit einer normalen Overlocknaht. Wenn du keine Overlockmaschine hast, kannst du die Kanten auch einfach so lassen wie sie sind, da Jersey nicht ausfranst.
Setze im Anschluss in der Mitte des Rüschenbandes von Anfang bis Ende eine einfache Steppnaht, welche du im nächsten Schritt auf die benötigte Länge einkräuseln kannst. Wie das genau funktioniert, habe ich auf Seite 46 erklärt. Wiederhole diesen Schritt auch mit dem anderen Rüschenband.

3. Lege die zusammengenähten Rückteile mit der rechten Seite oben liegend ausgebreitet vor dich. Korrigiere die Länge der Rüschenbänder ggf. nach und fixiere sie anschließend an den markierten Orientierungspunkten mit Stecknadeln, indem du diese mittig auf der Steppnaht positionierst. Nutze einen einfachen Geradstich und nähe entlang der gekräuselten Naht auf der Rüsche, um diese auf das Rückteil zu steppen.

4. Lege das zusammengenähte Vorderteil der Hose rechts auf rechts auf das Rückteil und vernähe die äußeren, offenen Kanten. Im Anschluss kannst du die unteren, offenen Beinkanten versäubern. Schließe nun noch die inneren Beinkanten und den Schritt. Falls du mit einer Overlockmaschine genäht hast, verstecke die Fadenraupen in den letzten Zentimetern der Naht, damit du einen sauberen Abschluss hast.

5

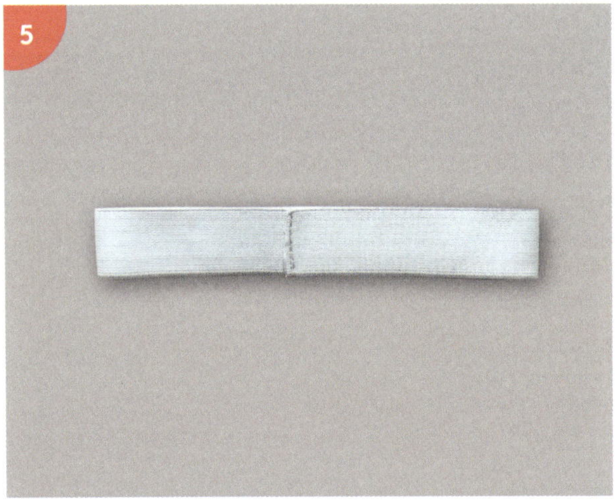

6

7

5. Schließe das Gummiband zu einem Ring, indem du die kurzen Seiten ca. 1 cm übereinanderlegst und mit einem einfachen Geradstich fixierst.

6. Lege jetzt das Gummiband an die obere, offene Kante der Leggings und fixiere es in regelmäßigen Abständen mit Klammern. Anschließend kannst du es entlang der offenen Kante mit deiner Overlockmaschine oder mit dem Zickzackstich deiner Nähmaschine annähen.

7. Klappe das Gummiband stramm nach unten um, sodass ein Saum entsteht. Fixiere die Saumkante mit Stecknadeln. Steppe die Kante sauber ab und halte dabei das Gummiband immer auf Zug.

8. Schlage abschließend die versäuberten Kanten der Beinöffnungen 2 cm nach innen um und steppe den Beleg mit einem elastischen Stich ab. Fertig ist deine Leggings!

ONESIE

⊗⊗⊗ Hier sind Fingerspitzengefühl und etwas Näherfahrung gefragt!

» Dieser süße Einteiler ist so vielfältig einsetzbar, dass du dich auf jeden Fall an ihn herantrauen solltest! Ob als Schlafanzug oder kuscheliger Home-Overall, mit oder ohne Rüschen: Du machst bestimmt etwas Einzigartiges draus!

STOFFAUSWAHL:

Wähle einen Jerseystoff nach deinem Geschmack. In der Anleitung habe ich klassischen Baumwolljersey verwendet.

DAS BRAUCHST DU:

Stoffverbrauch bei 140 cm Stoffbreite:

- Gr. 50–56: 50 cm
- Gr. 62–68: 60cm
- Gr. 74–80: 70 cm
- Gr. 86–92: 80 cm
- Gr. 98–104: 90 cm
- Etwas Vlieseline G 785 oder 5–8 Prym Wonderdots zum Verstärken der Druckknopfpositionen
- Bündchenstoff (max. 25 cm hoch, 80 cm breit)
- 5–8 Druckknöpfe für die Knopfleiste (8–10 mm Ø)
- Druckknopfzange

Auf Seite 52 findest du die Maßtabelle, die dir dabei hilft, die richtige Größe auszuwählen.

ZUSCHNITT:

Füge rundherum 0,7 cm Nahtzugabe hinzu!

- 1x Vorderteil links (SB 2)
- 1x Vorderteil rechts (SB 2)
- 1x Knopfleiste (SB 2)
- 2x Ärmelbündchen (SB 2)
- 2x Beinbündchen (SB 2)
- 1x Rückteil im Bruch (SB 2)
- 2x Ärmel im Bruch (SB 2)
- 4x Rüsche im Bruch (SB 2)

HINWEIS:

Markiere dir direkt beim Zuschnitt die Schulter-Markierungspunkte aus dem Schnittmuster auf deinen Schnittteilen.

1. Lege zuerst die Vorderteile des Onesies rechts auf rechts auf das Rückteil und schließe die offenen Schulterkanten.
   Wenn du deinen Onesie ohne Rüschen nähst, kannst du direkt mit Schritt 4 fortfahren.

2. Lege jeweils zwei der vier Rüschen rechts auf rechts aufeinander und vernähe die Schnittteile an der äußeren, runden Kante. Wende die Rüschen anschließend auf die rechte Seite und bügle sie in Form.

TIPP:

Wenn du einen sehr schweren Jersey gewählt hast, kannst du die Rüsche auch einlagig vernähen und die äußere Kante mit einem Rollsaum versehen. Ein Rollsaum ist mit den meisten Overlockmaschinen möglich, schau mal in deinem Overlock-Handbuch nach!

3. Lege den Onesie ausgebreitet vor dich und fixiere die Rüsche rechts auf rechts am Armausschnitt, indem du zuerst die Mitte der offenen Kante genau

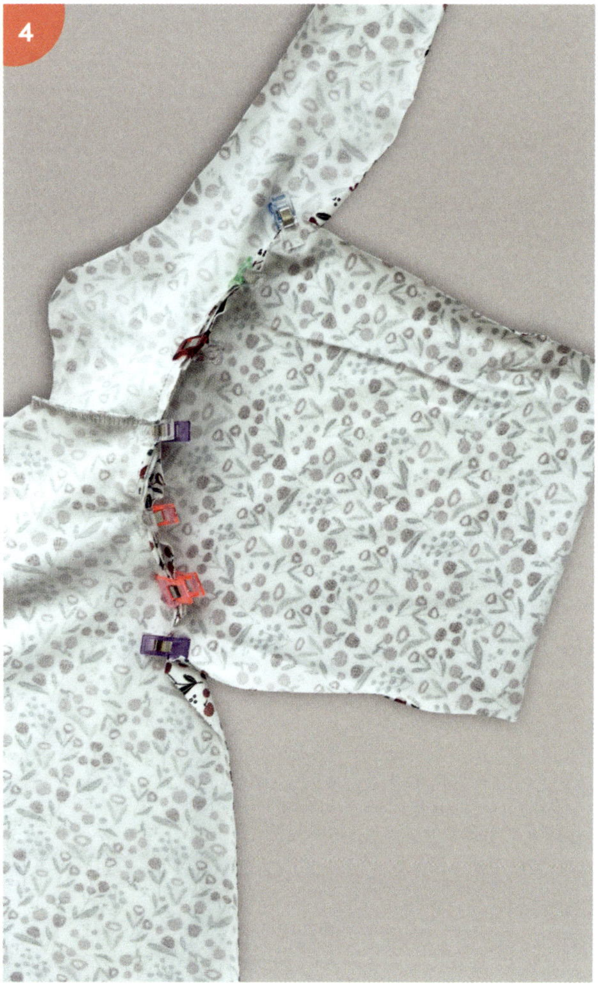

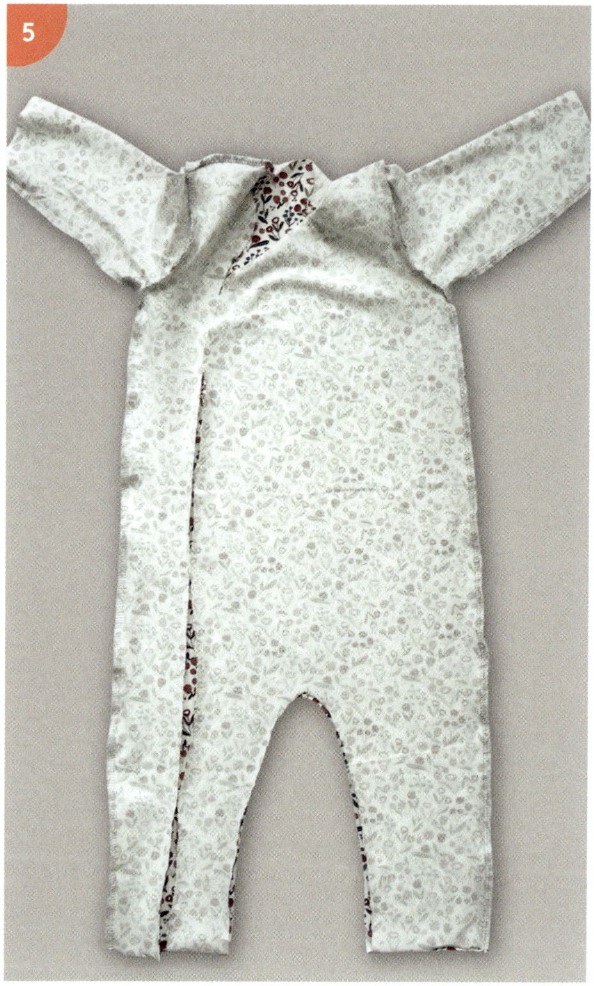

an dem Markierungspunkt fixierst und anschließend den Rest der Rüsche am Ärmelausschnitt gleichmäßig feststeckst. Wiederhole diesen Schritt auf der anderen Seite mit der zweiten Rüsche. Nähe die Rüschen mit einem Geradstich fest.

4. Lege einen der Ärmel rechts auf rechts auf den ausgebreiteten Body und fixiere die runde Schulterkante in regelmäßigen Abständen mit Klammern am Ärmelausschnitt. Die Rüsche liegt nun zwischen den beiden Stofflagen. Nähe den Ärmel in den Ärmelausschnitt und wiederhole die Schritte mit dem anderen Ärmel auf der anderen Seite. Wenn du fertig bist, kannst du die offenen Ärmelkanten mit deiner Overlockmaschine oder dem Zickzackstich deiner Nähmaschine versäubern.

5. Klappe nun die Vorderteile des Onesies wieder rechts auf rechts und kantengleich auf das Rückteil und schließe die Seiten des Onesies sowie die Ärmel in einem Rutsch.

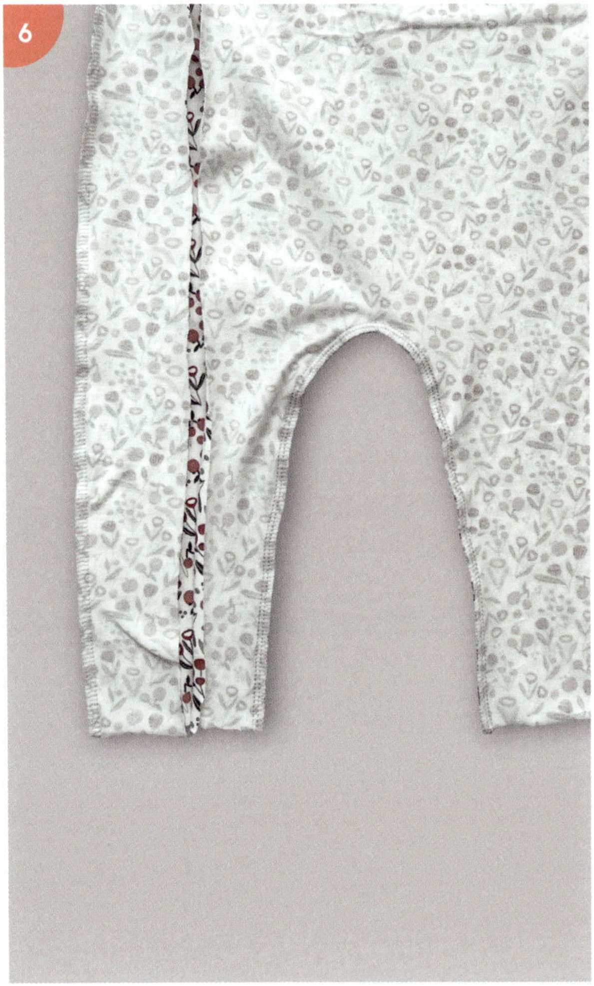

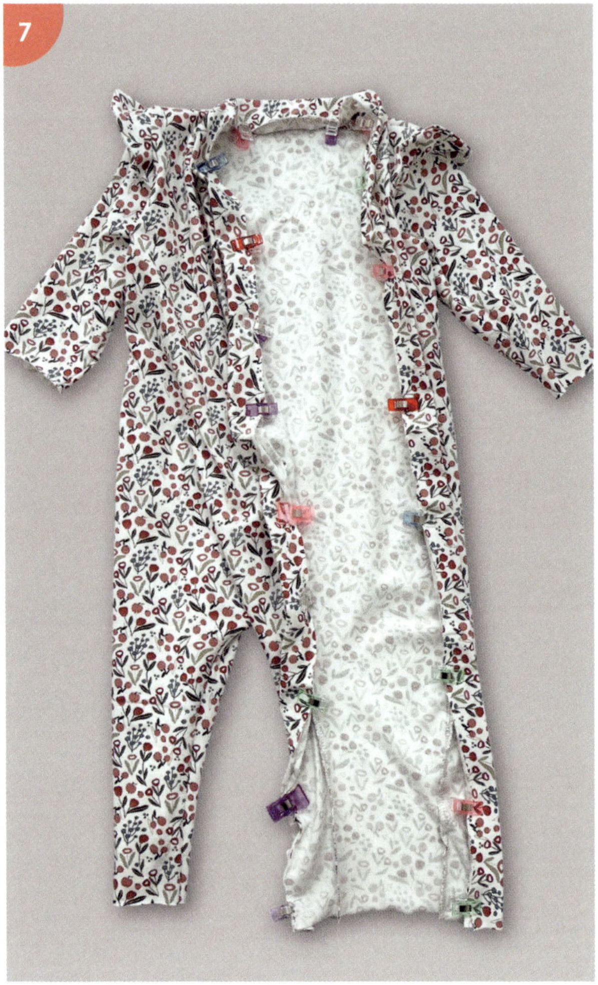

6. Schließe die innere, offene Beinkante.

7. Nähe nun den Beleg an die Knopfleiste. Wenn du einen sehr dünnen Jersey benutzt, verstärkst du den Beleg an den Knopfpositionen am besten mit Bügelvlies/Wonderdots, damit die Knöpfe später nicht ausreißen. Wie das genau geht, kannst du auf Seite 47 nachlesen. Falte den Zuschnitt der Knopfleiste der Länge nach links auf links zur Mitte und fixiere ihn rechts auf rechts in regelmäßigen Abständen an den offenen Kanten der Vorderteile und des Nackens. Achte darauf, dass die Markierungspunkte des Belegs genau an den Schulternähten des Onesies liegen. Versäubere dann den Knopfleistenbeleg mit deiner Overlockmaschine oder mit einem elastischen Stich deiner Nähmaschine.

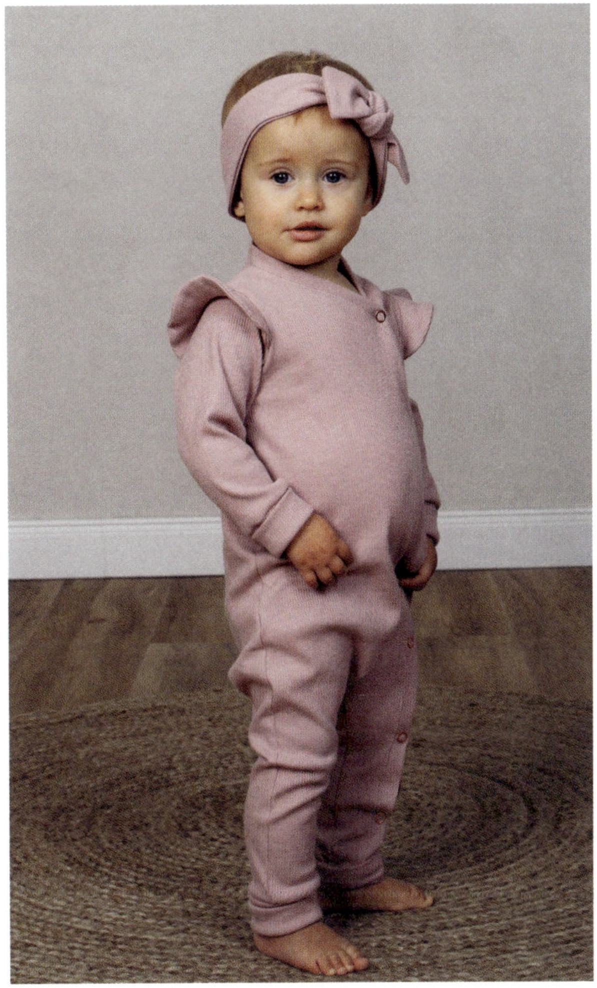

8. Steppe die Nahtzugabe parallel zum Beleg noch einmal ringsum ab und bügele den Onesie in Form.

9. Bevor du die Bündchen annähst, fixierst du dir als Hilfestellung die Enden der Knopfleisten, indem du die von dir aus gesehen linke Knopfleiste über die rechte legst und eine Klammer zu Hilfe nimmst.

TIPP:

Das schönste Ergebnis erzielt man bei Belegen wie diesem mit einer Coverlockmaschine. Mit einem Bandeinfasser kannst du die Rundungen schön sauber in den Beleg einfassen.

10. Falte die Bündchen im Bruch und schließe die langen, offenen Kanten. Kremple die Bündchen bis zur Hälfte um, sodass die Nähte innenliegend sind.

11. Ziehe die Bündchen nacheinander rechts auf rechts auf die Ärmel- und Beinöffnungen, sodass alle offenen Kanten passgenau übereinander liegen. Nähe diese mit deiner Overlockmaschine oder mit dem Zickzackstich deiner Nähmaschine an.
Zu guter Letzt müssen noch die Knöpfe eingearbeitet werden. Markiere dir dafür die Knopfpositionen in regelmäßigen Abständen an der Knopfleiste und befestige sie anschließend.

TIPP:

Verwende nicht zu wenige Knöpfe, sonst hast du später zu große Öffnungen und es zieht in den Onesie rein. Die Abstände sollten höchstens 6–8 cm groß sein.

RÜSCHENKLEID

Mit Zeit und Geduld wirst du es meistern!

» Mit diesem Kleid liegst du garantiert richtig! Ganz egal ob als süßes Geburtstagsoutfit oder gemütliches Kleid zum Spielen, dieser Schnitt lädt einfach dazu ein, deiner Kreativität freien Lauf zu lassen. Und weil Jersey einfach immer geht, findet dieses Kleid das ganze Jahr über seinen Einsatz in jeder Gaderobe.

STOFFAUSWAHL:

Wähle einen Jerseystoff nach deinem Geschmack. In der Anleitung habe ich klassischen Baumwolljersey verwendet.

DAS BRAUCHST DU:

Stoffverbrauch bei 140 cm Stoffbreite:

- Gr. 50–56: 50 cm
- Gr. 62–68: 60 cm
- Gr. 74–80: 70 cm
- Gr. 86–92: 80 cm
- Gr. 98–104: 90 cm

ZUSCHNITT:

Füge rundherum 0,7 cm Nahtzugabe hinzu und beachte die Saumzugaben!

- 1x Halsbündchen (SB 2)
- 1x Vorderteil im Bruch (SB 2)
- 1x Rückteil im Bruch (SB 2)
- 2x Ärmel im Bruch (SB 2)
- 2x kurzer Rock im Bruch (SB 2)
- 2x langer Rock im Bruch (SB 2)

Saumzugabe langer Rock

2 cm

Saumzugabe Ärmel

2 cm

HINWEIS:

Übertrage dir aus dem Schnittmusterbogen ein paar unsichtbare Markierungspunkte der Faltlinien auf deine Schnittteile für den kurzen und langen Rock.

1

2

3

1. Lege das Vorderteil rechts auf rechts auf das Rückteil und vernähe beide Schnittteile an den offenen Schulterkanten.

2. Lege das Oberteil ausgebreitet vor dich und fixiere einen Ärmel rechts auf rechts mit der runden Kante an einem der beiden Ärmelausschnitte mit Klammern. Nähe den Ärmel an und wiederhole die Schritte mit dem anderen Ärmel. Versäubere die gegenüberliegenden kurzen Ärmelkanten.

3. Schließe die offenen Seiten- und Ärmelkanten in einem Zug. Lege dazu das Vorderteil rechts auf rechts und kantengleich auf das Rückteil und falte die Ärmel zur Hälfte aufeinander.

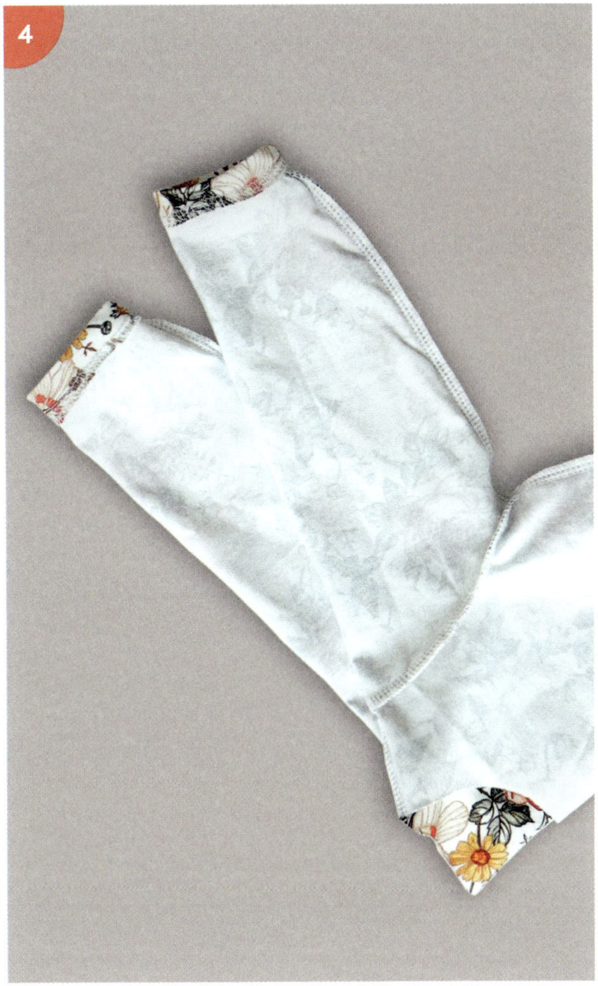

4. Schlage die versäuberten Ärmelkanten 2 cm links auf links nach innen um und steppe sie mit einem elastischen Stich ab. Wende das Oberteil auf Rechts.

5. Lege die beiden kurzen Rockteile rechts auf rechts und schließe die kurzen Seiten.

6. Schlage die obere Kante 3 cm entlang der markierten Faltlinie links auf links um und fixiere die Kante mit Klammern. Steppe die umgelegte Kante so ab, dass du den Saum anschließend kräuseln kannst. Wie das geht, habe ich auf Seite 46 beschrieben.

7. Wiederhole die Schritte 5 und 6 auch mit den langen Rockteilen und wende beide Rockteile anschließend auf Rechts.

8. Falte die Rüsche des kurzen Rockteils nach unten, sodass die gekräuselte Naht nun die Kante bildet. Ziehe den Rock rechts auf rechts über das Oberteil, sodass du die geraffte Kante des Rocks mit der offenen Kante des Oberteils fixieren kannst. Die Rüsche liegt nun also zwischen Oberteil und Rockteil. Nähe den Rock anschließend rundum an dem Oberteil fest.

9. Wiederhole Schritt 8 mit dem langen Rockteil. Nähe dieses jedoch an die offenen Kante des zuvor angenähten kurzen Rockteils.

10

10. Versäubere die untere, offene Kante des Kleides, falte die Kante 2 cm nach innen um und steppe den Saum ab.

TIPP:

Dieses süße Rüschenkleid muss nicht nur aus einem Stoff genäht werden. Probiere doch mal sogenanntes Color-Blocking und wähle für das Oberteil und die beiden Rockteile unterschiedliche Farben aus deinem Farbschema.

11. Falte das Halsbündchen rechts auf rechts im Bruch und vernähe die beiden kurzen Enden miteinander.

12. Falte das Bündchen der Länge nach links auf links zur Mitte und fixiere es in regelmäßigen Abständen rechts auf rechts am Halsausschnitt mit Klammern. Die offenen Kanten liegen genau übereinander. Nähe das Halsbündchen nun entweder mit deiner Overlockmaschine oder mit dem Zickzackstich deiner Nähmaschine an.

13. Damit das Bündchen nicht unschön absteht, steppe die Nahtzugabe zum Schluss noch knappkantig ab.

JUMPSUIT

Hier sind Fingerspitzengefühl und etwas Näherfahrung gefragt!

» Ich liebe es praktisch und zeitlos, genau deswegen musste dieser Jumpsuit einen Platz in meinem Buch finden. Egal ob mit Kurzarm- oder Langarmbody drunter oder im Sommer nur der Jumpsuit: Die Kleinsten sind immer perfekt angezogen und haben es bequem.

STOFFAUSWAHL:

Wähle einen Jerseystoff nach deinem Geschmack. In der Anleitung habe ich klassischen Baumwolljersey verwendet.

DAS BRAUCHST DU:

Stoffverbrauch bei 140 cm Stoffbreite:

- Gr. 50–56: 50 cm
- Gr. 62–68: 60 cm
- Gr. 74–80: 70 cm
- Gr. 86–92: 80 cm
- Gr. 98–104: 90 cm
- Ggf. 4 x 50 cm dünnes Bügelvlies zum Verstärken der Knopfleiste (z. B. Vlieseline G 785)
- 4–6 Druckknöpfe für die Knopfleiste (8-10 mm Ø)
- Druckknopfzange

Auf Seite 53 findest du die Maßtabelle, die dir dabei hilft, die richtige Größe auszuwählen.

ZUSCHNITT:

Füge rundherum 0,7 cm Nahtzugabe hinzu und beachte die Saumzugaben!

- 2x Vorderteil gegengleich (SB 3)
- 1x Rückteil im Bruch (SB 3)
- 2x Rüsche im Bruch (SB 3)
- 1x Beleg Halsausschnitt (SB 3)

Saumzugabe für Knopfleiste am Vorderteil

2 cm

Saumzugabe Bein

2 cm

Saumzugabe Ärmel

1 cm

1

2

TIPP:

Ich habe hier einen Rollsaum gewählt. Schau mal im Handbuch deiner Overlockmaschine nach, vielleicht kann auch sie einen Rollsaum nähen. Ansonsten kannst du einen Zickzackstich nutzen.

1. Lege die Vorderteile des Jumpsuits rechts auf rechts auf das Rückteil und vernähe die offenen Schulterkanten miteinander. Wenn du deinen Jumpsuit ohne Rüschen nähst, kannst du auch schon die offenen Kanten der Ärmelausschnitte versäubern und mit Schritt 4 fortfahren.
2. Bereite dir die Rüschen vor, indem du die äußere, offene Kante versäuberst.

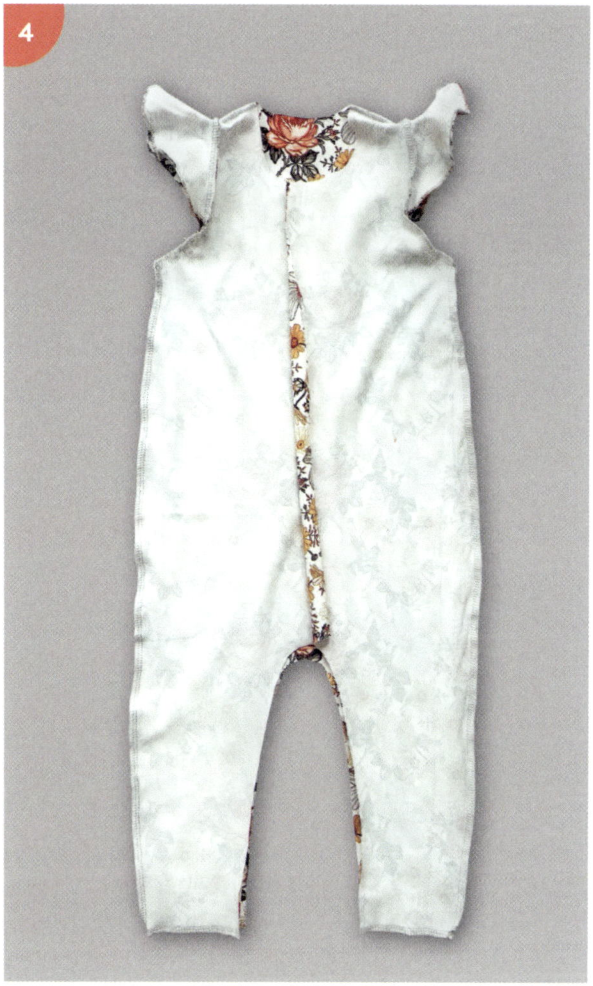

3. Lege den Jumpsuit ausgebreitet vor dich. Fixiere die Mitte der inneren, offenen Rüschenkante rechts auf rechts auf der Schulternaht des Jumpsuits.Die offenen Kanten liegen genau übereinander. Fixiere den Rest der Rüsche mit Klammern am Ärmelausschnitt. Nähe sie anschließend mit deiner Overlockmaschine oder dem Zickzackstich deiner Nähmaschine an die gesamte offene Kante des Ärmelausschnittes. Wiederhole dies auch auf der anderen Seite mit der zweiten Rüsche.

4. Lege nun die Vorderteile des Jumpsuits rechts auf rechts und kantengleich auf das Rückteil und schließe die Seiten. Versäubere im Anschluss die Säume der Beinöffnungen.

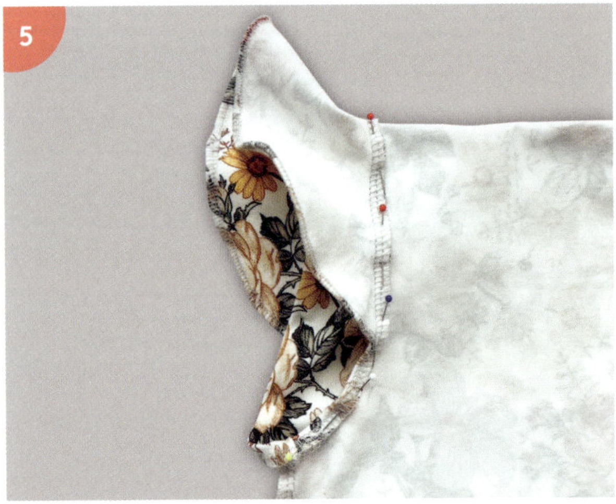

5

6.1

6.2

5. Lege die versäuberte Kante des Ärmelausschnittes ca. 1 cm um und stecke den Saum mit Stecknadeln ab. Wenn du deinen Jumpsuit mit Rüschen nähst, werden die Rüschen mit dem Umlegen des Saums automatisch in die richtige Position gefaltet. Steppe den Saum anschließend mit einem Geradstich ab.

6. Für den Halsausschnitt ermittelst du auf beiden Vorderteilen den Start- und Endpunkt des Belegs, indem du auf beiden Seiten von der Knopfleistenkante aus 2 cm nach innen misst und markierst. Anschließend nimmst du den Beleg und klappst jeweils die Enden 1 cm links auf links nach innen (Bild 6.2). Fixiere den Beleg nun rechts auf rechts am Halsausschnitt. Starte und ende jeweils an den Markierungspunkten. Nähe den Beleg knappkantig mit dem Geradstich an.

7. Lege den Jumpsuit mit der linken Seite nach oben ausgebreitet vor dich. Falte die offene Kante der Knopfleiste 2 cm links auf links nach innen um und steppe die Kante mit einem Geradstich ab. Wiederhole diesen Schritt auch auf der anderen Seite.

8. Schlage den Beleg des Halsausschnittes doppelt nach innen um und fixiere ihn der Länge nach mit Stecknadeln. Nähe ihn anschließend mit einem Geradstich ab.

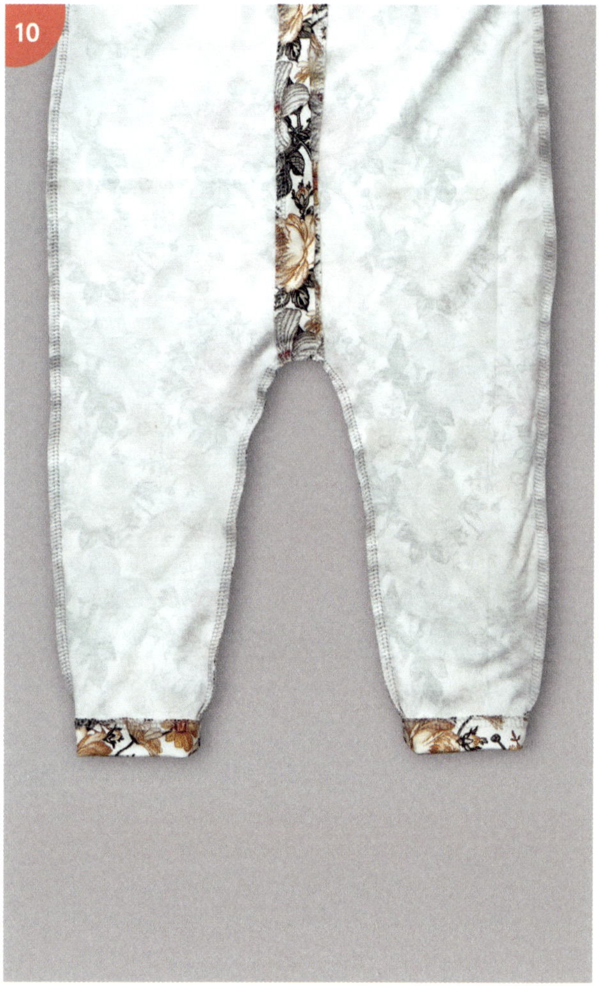

9. Schließe die innere Beinöffnung. Lege dafür die Knopfleisten übereinander: Das von dir aus rechte Vorderteil liegt unter dem linken. Fixiere die übereinanderliegenden Knopfleisten im Schritt sowie auch den Rest der inneren Beinkanten mit Klammern und schließe die Naht.

10. Lege die versäuberten Kanten der Beinöffnung 2 cm nach innen um und steppe sie mit einem elastischen Stich ab. Wende nun den Jumpsuit auf Rechts. Markiere dir in regelmäßigen Abständen die Positionen für die Druckknöpfe an den Knopfleisten und befestige sie.

TIPP:

Statt Druckknöpfe kannst du auch normale Knöpfe verwenden. Dann müssen zusätzlich Knopflöcher in die Knopfleiste eingearbeitet werden.

ROMPER

⊛ Schaffst du locker!

» Inspiriert vom Sommer in Schweden ist dieser freche Romper-Schnitt entstanden. Die aufgesetzten Taschen lassen Platz für kleine Schätze und die Passform lädt zum Entdecken unserer wunderschönen Welt ein. Manchmal ist gar nicht viel nötig, um etwas ganz Besonderes zu schaffen.

STOFFAUSWAHL:

Wähle einen Jerseystoff nach deinem Geschmack. In der Anleitung habe ich Ribjersey verwendet.

DAS BRAUCHST DU:

Stoffverbrauch bei 140 cm Stoffbreite:

- Gr. 50–56: 50 cm
- Gr. 62–68: 60 cm
- Gr. 74–80: 70 cm
- Gr. 86–92: 80 cm
- Gr. 98–104: 85 cm
- Gummiband mit 1 cm Breite in der passenden Länge (s. unten)
- 20 x 30 cm Bügelvlies zum Verstärken der Taschen (z. B. Vlieseline G 785)

Länge Gummiband:

- Gr. 50–56: 40 cm
- Gr. 62–68: 43 cm
- Gr. 74–80: 46 cm
- Gr. 86–92: 49 cm
- Gr. 98–104: 52 cm

Auf Seite 54 findest du die Maßtabelle, die dir dabei hilft, die richtige Größe auszuwählen.

ZUSCHNITT:

Füge rundherum 0,7 cm Nahtzugabe hinzu und beachte die Saumzugaben!

- 2x Vorder- und Rückteil im Bruch (SB 3)
- 2x Tasche (SB 3)
- 4x Träger (SB 3)

Saumzugabe Bein

2 cm

Saumzugabe Brust

2 cm

Saumzugabe Tasche

2 cm

HINWEIS:

Markiere dir beim Zuschnitt schon die Punkte für die Träger am Vorder- und Rückteil!

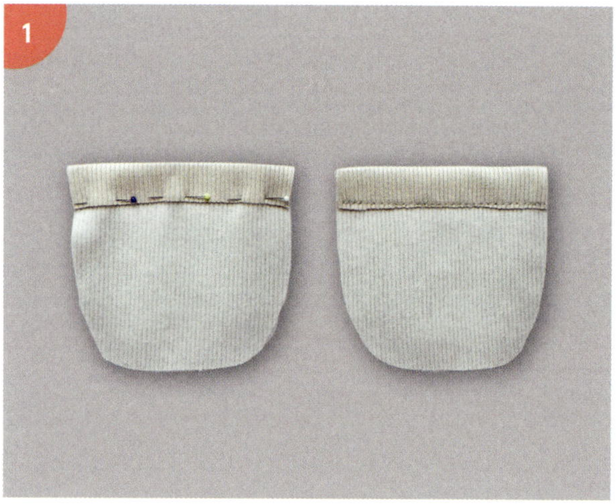

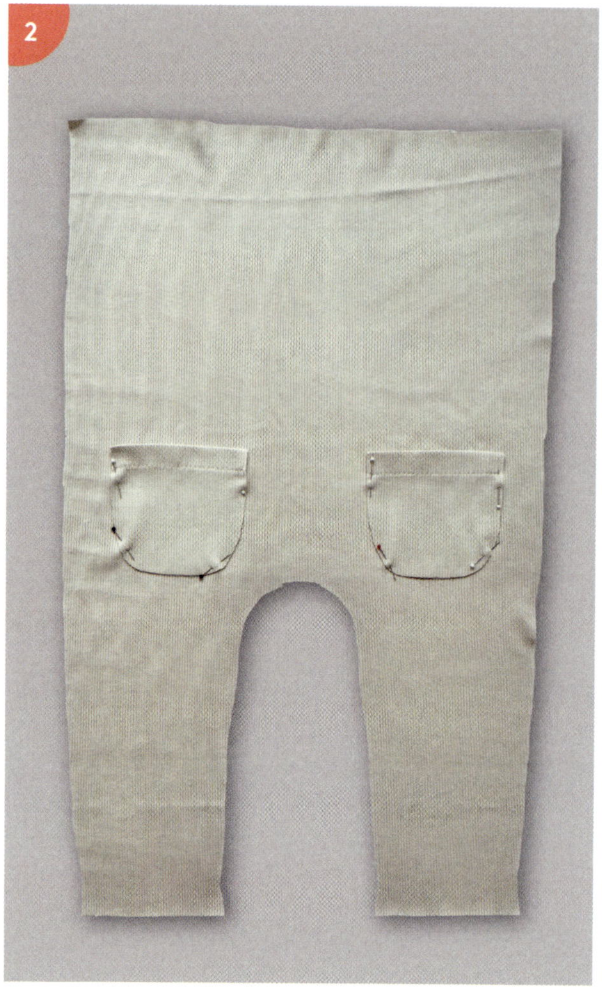

1. Beginne mit den Taschen. Damit sie stabiler sind und sich der Jersey beim Applizieren nicht verzieht, verstärke die Taschen mit dünnem Bügelvlies. Dieses bügelst du auf der Rückseite des Stoffes auf. Lege anschließend die obere, gerade Kante der Tasche 1,5 cm nach innen und bügle sie um. Dann fixierst du die Kante mit ein paar Stecknadeln und steppst den Saum mit einem Geradstich knappkantig ab.

2. Platziere die Taschen auf dem Vorderteil links auf rechts und fixiere sie an den äußeren Kanten mit Stecknadeln. Steppe die Taschen anschließend knappkantig an den äußeren Kanten auf. Das Schnittteil mit den aufgebrachten Taschen ist die Vorderseite des Rompers.

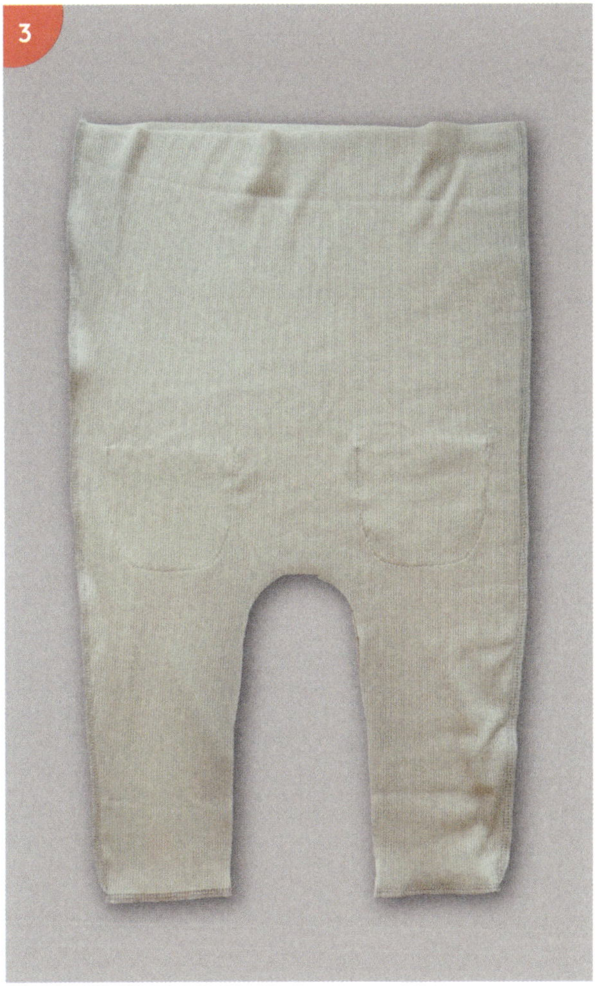

3. Lege das Vorderteil rechts auf rechts auf das Rückteil und schließe die Seitennähte. Versäubere im Anschuss die offenen Beinsäume.

4. Schlage nun die versäuberten Beinsäume 2 cm nach oben um, fixiere sie mit Stecknadeln und steppe dann die umgeschlagenen Kanten knappkantig ab.

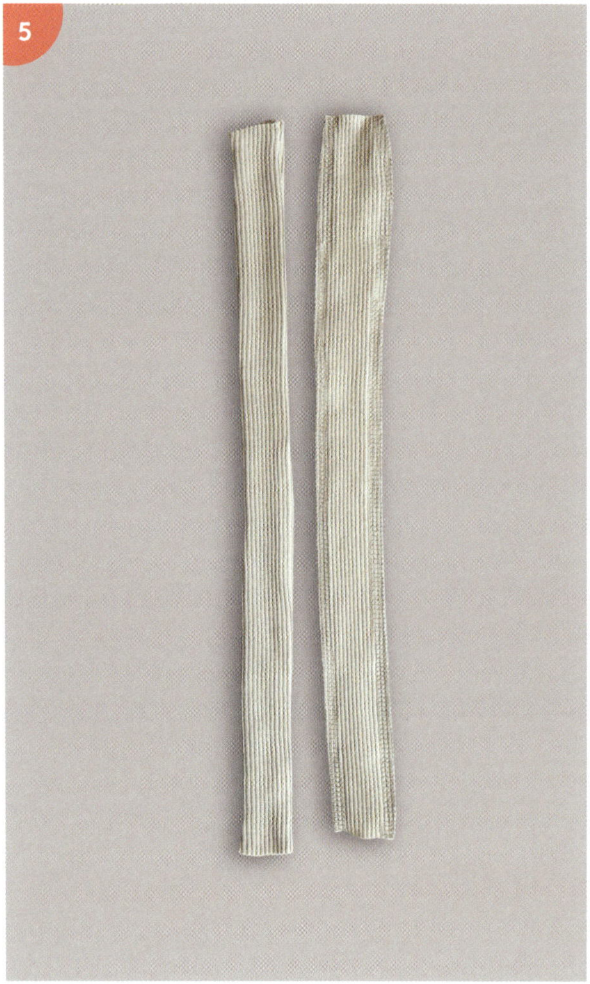

5

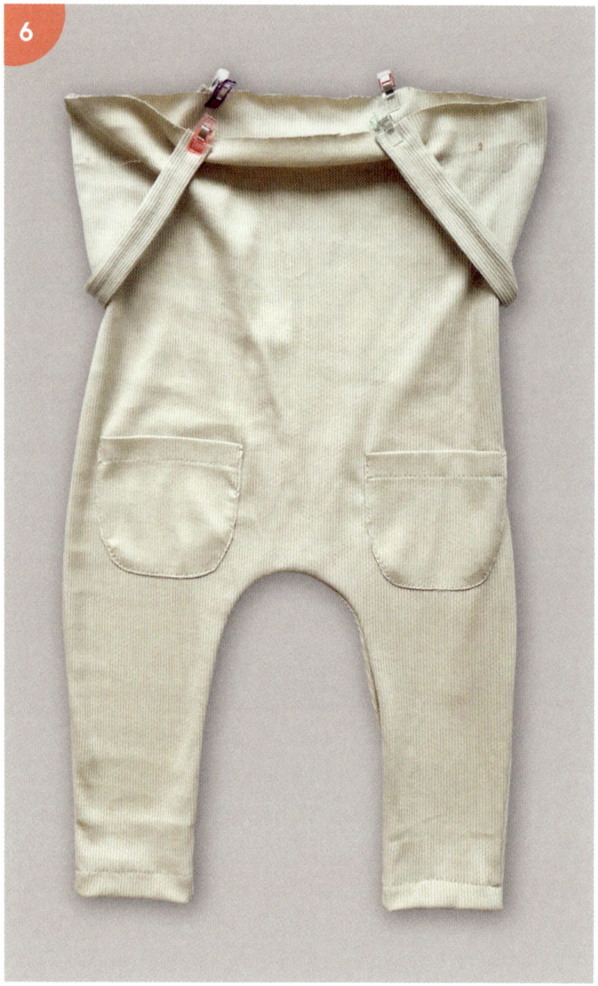

6

5. Für die Träger legst du jeweils zwei der Träger-Schnittteile rechts auf rechts übereinander und schließt die langen, offenen Kanten. Wende die Träger anschließend auf die rechte Seite und bügle sie in Form.

6. Wende den Romper auf die rechte Seite. Fixiere nun die Träger an den markierten Stellen des Rompers. Hinten sollen sich die Träger überkreuzen – achte darauf, dass nichts verdreht ist.

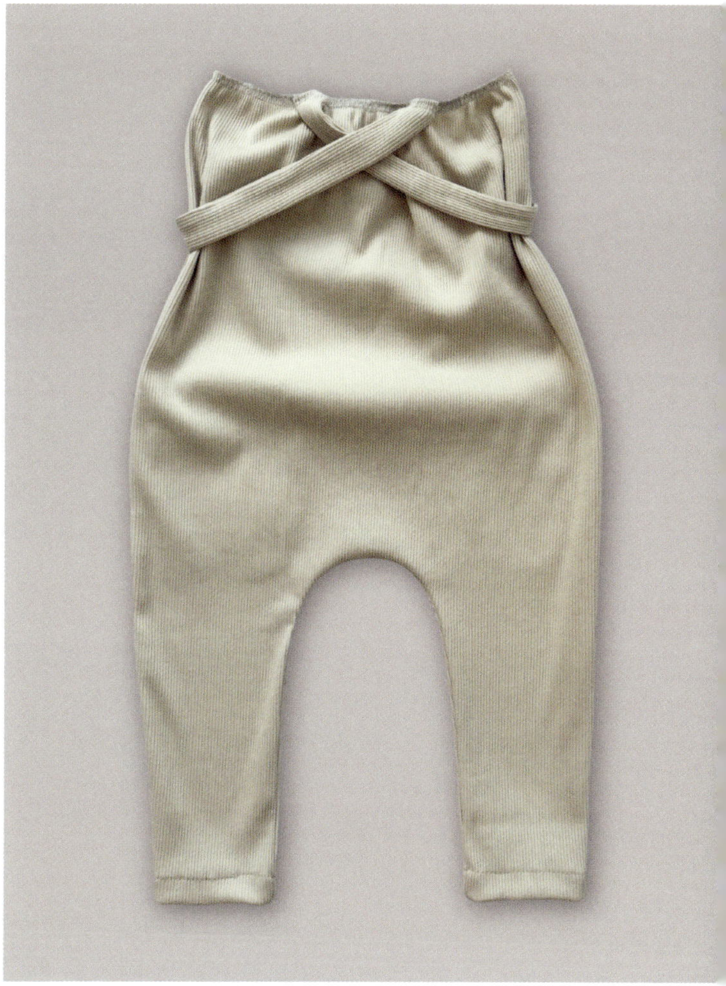

7. Wenn du möchtest, kannst du die Träger an den entsprechenden Stellen schon einmal mit einem einfachen Geradstich knappkantig festnähen, damit nichts verrutscht, wenn du im nächsten Schritt das Gummiband einnähst.

8. Schließe das Gummiband zu einem Ring. Fixiere es dann mit Stecknadeln in regelmäßigen Abständen an der inneren, offenen Kante des Rompers. Nähe das Gummiband am besten mit deiner Overlockmaschine oder mit dem Zickzackstich deiner Nähmaschine fest. Fasse die Träger dabei ebenfalls in die Naht mit ein.

9. Lege die obere Kante jetzt ca. 2 cm nach innen um und fixiere das Gummiband in regelmäßigen Abständen am Romper, sodass eine gleichmäßige Rüsche entsteht.

10. Steppe für einen sauberen Abschluss den Saum knappkantig mit einem elastischen Stich ab.

BALLERINA-BODY

●● Mit Zeit und Geduld wirst du es meistern!

» Unsere Kinder in ihrer Bewegungsfreiheit zu unterstützen ist wohl eines der größten Geschenke, die wir ihnen im Alltag machen können. Doch hübsch darf es trotzdem sein! Und wie du mittlerweile sicherlich mitbekommen hast, zaubere ich daür am liebsten hier und da ein Rüschlein rein.

STOFFAUSWAHL:

Wähle einen Jerseystoff nach deinem Geschmack. In der Anleitung habe ich Ribjersey verwendet.

DAS BRAUCHST DU:

Stoffverbrauch bei 140 cm Stoffbreite:

- Gr. 50–56: 40 cm
- Gr. 62–68: 45 cm
- Gr. 74–80: 50 cm
- Gr. 86–92: 60 cm
- Gr. 98–104: 65 cm
- Max. 40 cm Tüll für den Rock
- 2–3 Druckknöpfe (8–10 mm Ø)
- Druckknopfzange

ZUSCHNITT:

Gib rundherum eine Nahtzugabe von 0,7 cm hinzu und beachte die Saumzugabe!

- 1x Vorderteil oben im Bruch (SB 3)
- 1x Vorderteil unten im Bruch (SB 4)
- 1x Rückteil oben im Bruch (SB 3)
- 1x Rückteil unten im Bruch (SB 3)
- 2x Ärmel im Bruch (SB 3)
- 2x Tüll-Rock im Bruch (SB 3)
- 1x vorderes Halsbündchen im Bruch (SB 3)
- 1x hinteres Halsbündchen im Bruch (SB 3)
- 1x Bündchen Beinöffnung (SB 4)

Saumzugabe Ärmel

2 cm

HINWEIS:

Markiere dir direkt beim Zuschnitt die Markierungspunkte aus dem Schnittmusterbogen auf den Ärmeln sowie auf dem Vorder- und Rückteil des Bodys.

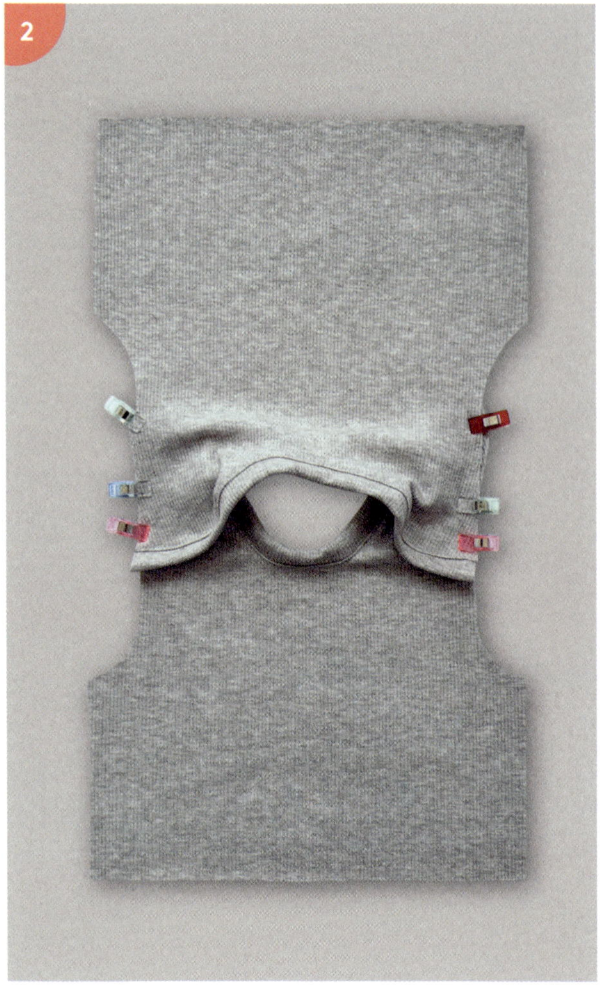

1. Falte das hintere Halsbündchen links auf links der Länge nach zur Mitte und fixiere es mit Klammern in regelmäßigen Abständen rechts auf rechts am Halsausschnitt des oberen Rückteils. Um das Bündchen mit dem Rückteil zu vernähen, wählst du am besten deine Overlockmaschine oder den Zickzackstich deiner Nähmaschine. Wiederhole die Schritte auch mit dem vorderen Halsbündchen am oberen Vorderteil.

2. Lege nun das Rückteil mit der linken Stoffseite auf die rechte Seite des Vorderteils. Achte darauf, dass die Markierungspunkte genau übereinander liegen und fixiere dir diese Punkte mit Klammern.

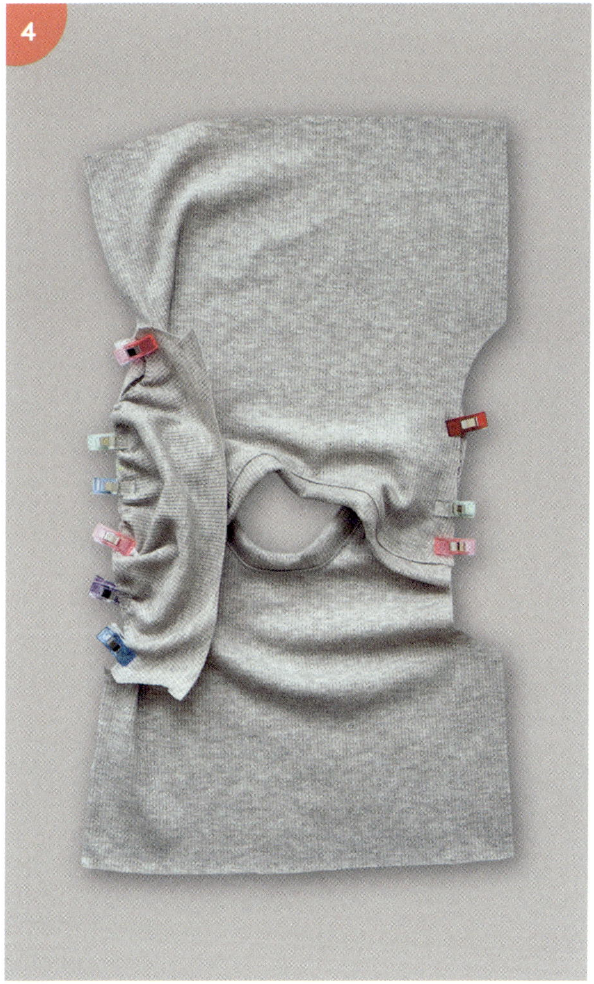

3. Bevor du die Ärmel annähst, kräusele jeweils die äußere, runde Kante. Wie du das machst, habe ich auf Seite 46 erklärt.

4. Lege den Ärmel rechts auf rechts mit der gekräuselten Kante an die offene Ärmelkante der übereinander liegenden Bodyteile und fixiere ihn in regelmäßigen Abständen mit Klammern. Achte darauf, dass die Markierungspunkte übereinander liegen. Vernähe den Armel entlang der Ärmelöffnung. Wiederhole die Schritte mit dem anderen Ärmel auf der anderen Seite.

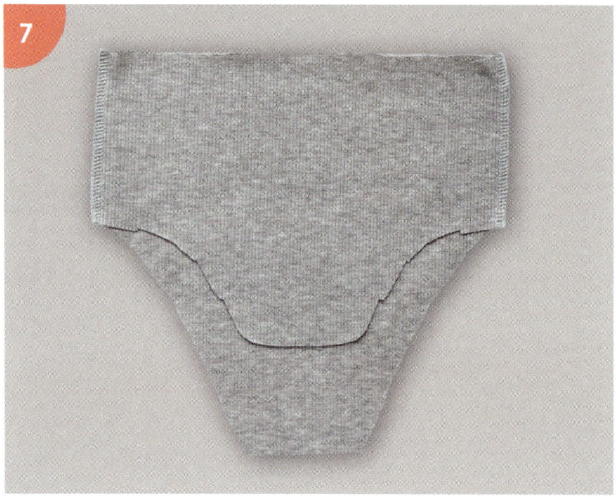

5. Versäubere anschließend die offenen Saumkanten der Ärmel.

6. Lege das Vorderteil des Bodys rechts auf rechts und kantengleich auf das Rückteil, falte die Ärmel übereinander und schließe die offenen Seiten des Bodys in einem Zug. Im Anschluss schlägst du die versäuberten Ärmelkanten 2 cm links auf links um und steppst den Saum mit einem Geradstich ab.

7. Lege das untere Vorderteil rechts auf rechts auf das untere Rückteil und vernähe die Seiten miteinander.

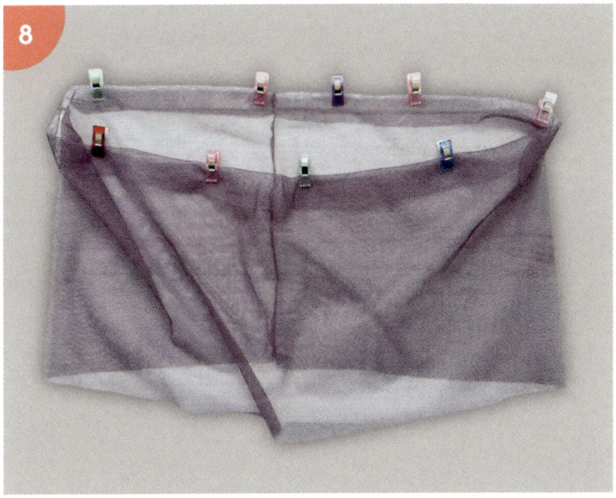

8. Lege die beiden Rockteile rechts auf rechts übereinander und vernähe die Seiten. Wende das Rockteil auf rechts. Schlage die obere Kante an der markierten Faltlinie nach innen um und fixiere die Kante mit Klammern.

9. Steppe die umgelegte Kante so ab, dass du den Saum anschließend kräuseln kannst. Wie das genau funktioniert, habe ich auf Seite 46 erklärt.

10. Wende das zusammengenähte Body-Unterteil auf die rechte Seite. Falte die Rüsche des Rocks nach unten, sodass du die geraffte Kante des Rocks mit der oberen, offenen Kante der Body-Unterteile fixieren kannst. Nähe den Rock anschließend links auf rechts mit einem Geradstich am Body-Unterteil an.

11. Verbinde das Body-Unterteil samt Tüllrock mit dem Body-Oberteil. Ziehe dafür das Body-Unterteil rechts auf rechts auf das Body-Oberteil, sodass sich der Tüllrock zwischen den beiden Lagen befindet und alle offenen Kanten übereinander liegen. Fixiere die Kanten und achte darauf, dass besonders die Rüsche schön sauber zwischen den Lagen liegt. Vernähe die offenen Kanten.

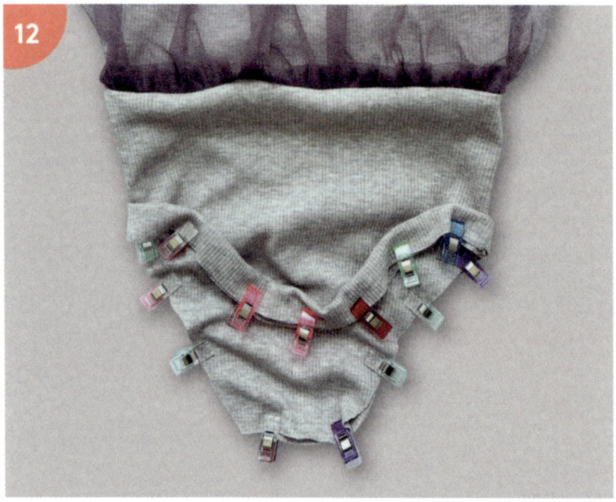

12. Um den Beleg für die Beinöffnung vorzubereiten, falte das Bündchen rechts auf rechts im Bruch und vernähe die beiden kurzen Enden miteinander. Falte dann das Bündchen links auf links der Länge nach zur Mitte. Fixiere es rechts auf rechts mit Klammern in regelmäßigen Abständen an der Beinöffnung und nähe es fest. Steppe anschließend die Nahtzugabe des Belegs knappkantig mit einem einfachen Geradstich ab und bügle das Unterteil in Form.

13. Abschließend versiehst du den vorderen und hinteren Beleg des Schritts mit zwei bis drei Druckknöpfen. Fertig ist der Ballerina-Body!

KURZARM-OVERALL

⊗ ⊗ Mit Zeit und Geduld wirst du es meistern!

» So schlicht und doch so besonders: Kleine Details wie die mittige Teilungsnaht vorne, die Knöpfe am Halsausschnitt und die aufgesetzten Taschen machen diesen Overall einzigartig. Dank der Wickelleiste werden sich auch die Kleinsten pudelwohl darin fühlen, denn das Anziehen geht damit ruck, zuck!

STOFFAUSWAHL:

Wähle einen Jerseystoff nach deinem Geschmack. In der Anleitung habe ich Waffeljersey verwendet.

DAS BRAUCHST DU:

Stoffverbrauch bei 140 cm Stoffbreite:

- Gr. 50–56: 50 cm
- Gr. 62–68: 60 cm
- Gr. 74–80: 70 cm
- Gr. 86–92: 80 cm
- Gr. 98–104: 90 cm
- Etwa 25 x 30 cm großes Bügelvlies zum Verstärken der Taschen (z. B. Vlieseline G 785)
- 10–12 Druckknöpfe (8–10 mm Ø)
- Druckknopfzange
- Ggf. kleine, dekorative Knöpfe für den Halsausschnitt (ca. 12 mm Ø)

Auf Seite 55 findest du die Maßtabelle, die dir dabei hilft, die richtige Größe auszuwählen.

ZUSCHNITT:

Füge rundherum 0,7 cm Nahtzugabe hinzu und beachte die Saumzugaben!

- 1x Vorderteil rechts (SB 4)
- 1x Vorderteil links (SB 4)
- 1x Vorderteil oben links (SB 4)
- 1x Halsbündchen (SB 4)
- 2x Tasche (SB 4)
- 2x Ärmel im Bruch (SB 4)
- 4x Wickelleiste im Bruch (SB 4)
- 1x Rückteil im Bruch (SB 4)

Saumzugabe Ärmel

2 cm

Saumzugabe Bein

2 cm

Saumzugabe Vorderteil oben links

1,5 cm

Saumzugabe Vorderteil

1,5 cm

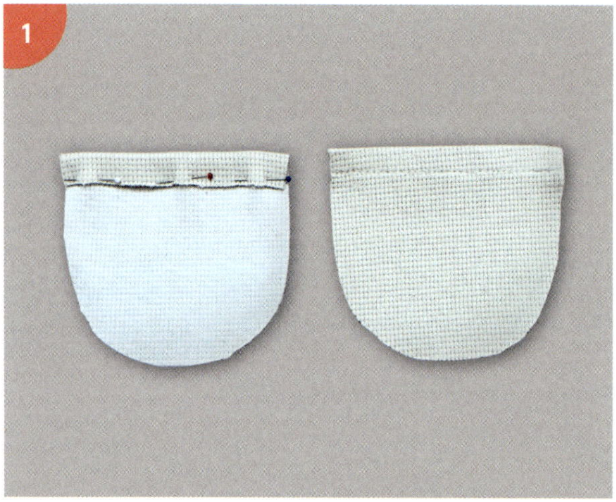

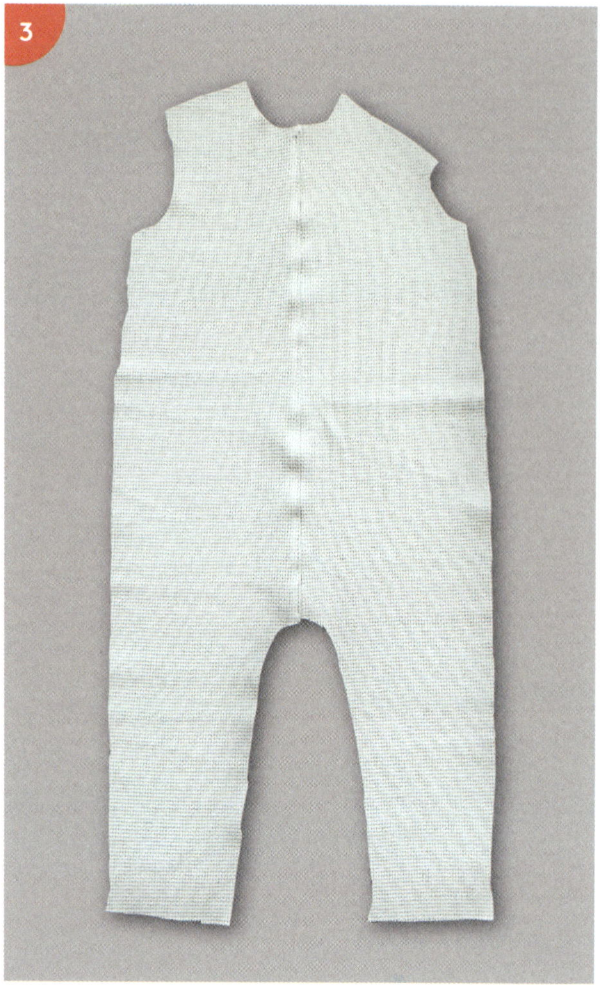

1. Bereite dir als Erstes die Taschen vor. Damit die Kanten stabiler sind und du es leichter hast, die Taschen zu applizieren, verstärke sie mit dünnem Bügelvlies. Dieses bügelst du auf die linke Stoffseite auf. Schlage anschließend die obere, gerade Kante der Tasche 1,5 cm links auf links und bügle sie um. Fixiere die Kante mit ein paar Stecknadeln und steppe den Saum mit einem Geradstich knappkantig ab.

2. Lege die beiden Vorderteile rechts auf rechts übereinander und vernähe sie an der langen, offenen Kante miteinander, sodass du hinterher ein in der Mitte zusammengenähtes Vorderteil in deinen Händen hältst.

3. Breite das zusammengenähte Vorderteil vor dir aus und steppe die Nahtzugabe knappkantig und parallel zur Naht ab. Bügle das Vorderteil anschließend richtig schon in Form, damit du die Taschen ideal positionieren kannst.

4. Lege die Taschen links auf rechts auf das Vorderteil und fixiere sie an den äußeren Kanten mit Stecknadeln. Nähe die Taschen anschließend knappkantig an den äußeren Kanten entlang auf.

5. Lege sowohl das zusammengenähte Vorderteil als auch das „Vorderteil oben links" vor dich. Versäubere zunächst die offene, oben rechts liegende Kante des Oberteils, dann die offene, unten links liegende Kante des „Vorderteils oben links", genau wie auf dem Foto abgebildet.

6. Drehe die Oberteile um, sodass die linke Stoffseite nach oben schaut. Klappe die versäuberten Kanten nun 1,5 cm links auf links um, fixiere sie mit Stecknadeln und steppe die umgelegten Kanten knappkantig fest.

7. Wende die Vorderteile, sodass die rechte Seite nach oben schaut. Lege nun die ausgearbeiteten Knopfleisten genau übereinander, sodass die Knopfleiste des zusammengenähten Vorderteils über dem „Vorderteil oben links" liegt. Fixiere die Knopfleisten mit einer Stecknadel und einer Klammer an der offenen Ärmelkante.

8. Lege das gesamte Vorderteil rechts auf rechts auf das Rückteil und vernähe die offenen Schulterkanten miteinander.

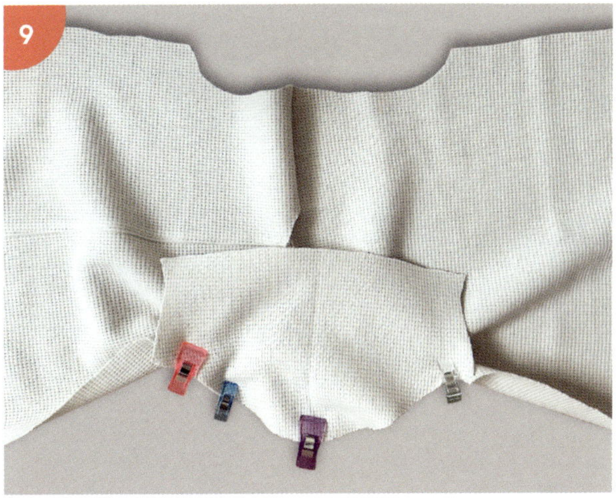

9. Breite den Overall vor dir aus. Fixiere die Ärmel mit der runden, offenen Kante jeweils rechts auf rechts an den offenen Ärmelkanten des Overalls. Nähe anschließend die Ärmel an und versäubere die gegenüberliegenden Ärmelkanten.

10. Schließe nun die offenen Seiten des Overalls. Lege dafür das Vorderteil rechts auf rechts auf das Rückteil und falte die Ärmel zur Hälfte, sodass die Kanten genau übereinander liegen. Anschließend vernähst du erst die eine und dann die andere Seite in einem Zug.

11. Nun säumst du die offenen Kanten der Ärmel. Beginne bei einem Ärmel, lege die offene Ärmelkante 2 cm links auf links um und steppe den Saum knappkantig mit einem elastischen Stich deiner Nähmaschine ab. Wiederhole diesen Schritt auch mit dem anderen Ärmel.

12. Für die Wickelöffnung des Overalls lege zwei Wickelleisten rechts auf rechts übereinander und vernähe sie an der äußeren Kante miteinander. Wiederhole den Schritt auch mit den anderen beiden Wickelleisten.

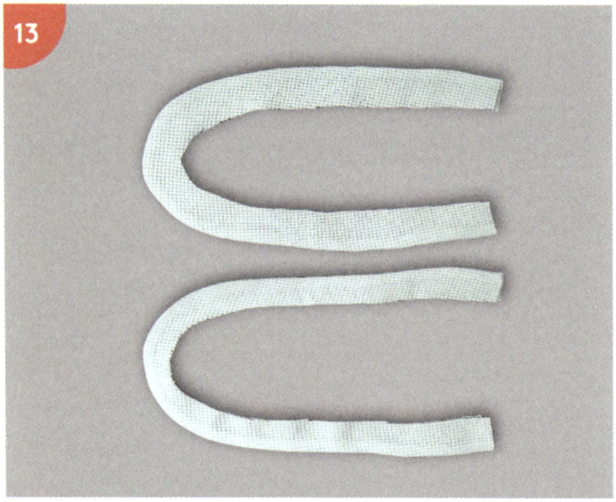

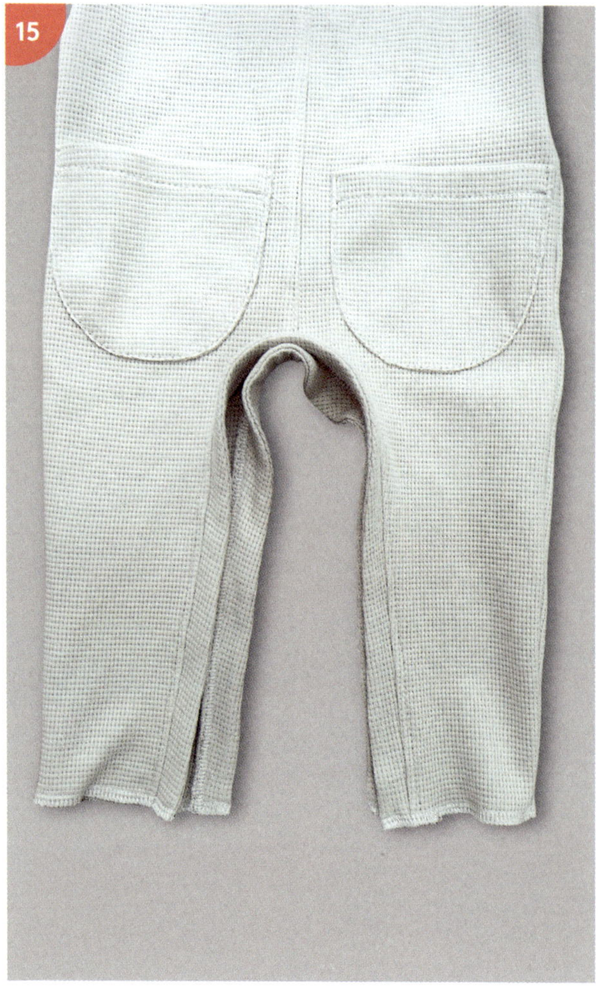

13. Wende die zusammengenähten Wickelleisten auf die rechte Seite und bügle sie schön glatt in Form.

14. Nun legst du eine Wickelleiste mit den offenen Kanten rechts auf rechts an die Beinöffnung des Vorderteils, sodass alle offenen Kanten genau übereinander liegen. Nachdem du dir ein paar Punkte fixiert hast, kannst du die Wickelleiste am Vorderteil annähen. Wiederhole die Schritte auch mit der hinteren Wickelöffnung.

15. Anschließend steppst du die Nahtzugaben der Wickelleisten jeweils knappkantig ab, damit sie schön in Form liegen.

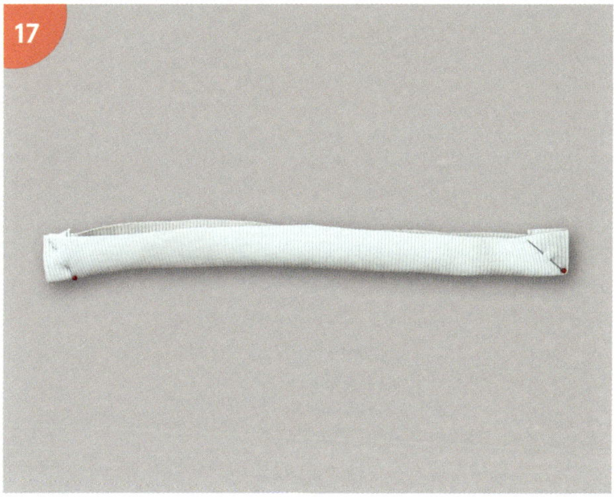

16. Versäubere nun die offenen Kanten der Beinöffnungen. Schlage die versäuberten Beinkanten jetzt 2 cm links auf links um, fixiere dir einige Punkte mit Stecknadeln und steppe die umgeschlagene Kante knappkantig ab, sodass ein schöner Saum entsteht.

17. Lege das Halsbündchen vor dich. Falte die äußeren, kurzen Enden ca. 1 cm links auf links nach innen und falte das gesamte Bündchen anschließend links auf links der Länge nach zur Mitte. Fixiere dir die Enden mit Stecknadeln.

18. Befestige das Bündchen nun in regelmäßigen Abständen mit Klammern am Halsausschnitt des Overalls und vernähe es entweder mit deiner Overlockmaschine oder einem Zickzackstich deiner Nähmaschine. Achte unbedingt darauf, dass du am Anfang und Ende des Bündchens ganz langsam und akkurat arbeitest, damit das Ergebnis später schön sauber ist.

19. Jetzt arbeitest du die Druckknöpfe ein. Markiere dir dafür die Positionen und arbeite sie ein.

20. In meinem Beispiel habe ich Druckknöpfe zum Annähen verwendet, so konnte ich noch hübsche Knöpfe auf der oberen Seite als Dekoration befestigen.

21. Zum Schluss arbeitest du noch die Druckknöpfe in die Knopfleisten der Wickelöffnung ein – und fertig ist der Kurzarm-Overall!

TIPP:

Am Saum der Beinöffnungen liegt der Stoff doppelt. An solchen Stellen eignen sich größere Druckknöpfe besser. Für den Rest der Knopfleisten kannst du auch kleinere Druckknöpfe verwenden.

ACCESSOIRES

KNOTENHAARBAND

⊗ Schaffst du locker!

» Mit einem flott genähten Haarband, passend zum Kleidungsstück, lässt sich auf einfache Weise ein tolles Outfit kreieren! Gib deinen Stoffresten eine zweite Chance und vernähe sie in wenigen Minuten zu super süßen Accessoires!

STOFFAUSWAHL:
Elastische Stoffe, zum Beispiel Jersey. In der Anleitung habe ich Ribjersey verwendet.

DAS BRAUCHST DU:
Um zu wissen, wie viel Stoff du für ein Haarband brauchst, misst du den Kopfumfang deines Kindes aus und addierst zusätzlich 20 cm für die Knotenschleife. Die Stoffhöhe sollte ca. 12–15 cm betragen.

Beispiel für ein Haarband für 42 cm Kopfumfang:

- Stoffbreite: 42 cm + 20 cm = 62 cm
- Stoffhöhe: 15 cm
- Maße = 62 x 15 cm

TIPP:
Wenn dein Stoffrest nicht breit genug ist, kannst du auch zwei Stoffstücke zu einem großen zusammennähen. Füge dafür den Stoffstücken jeweils noch 1 cm Nahtzugabe an den Enden hinzu.

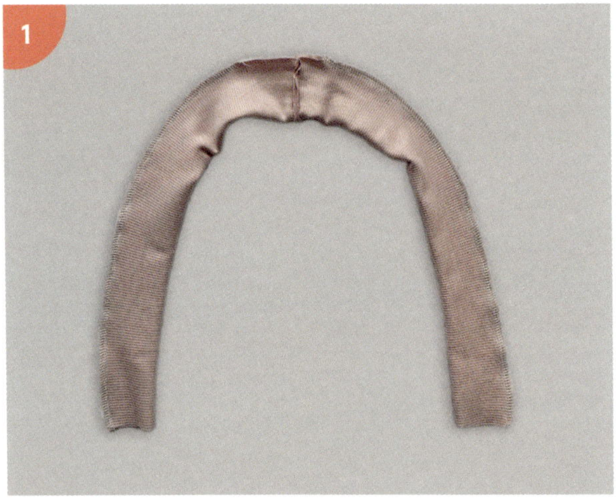

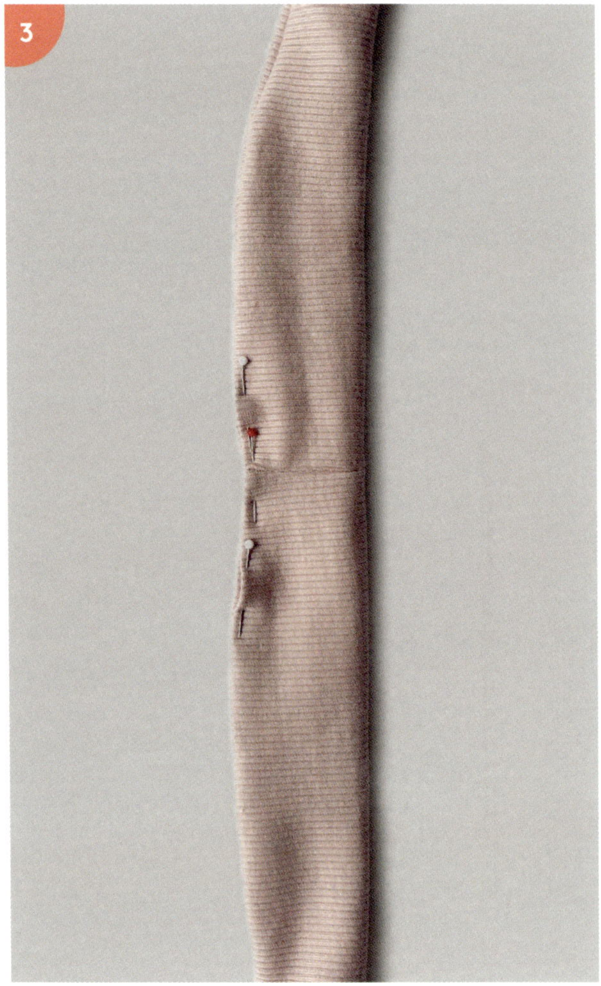

1. Falte das Stoffstück der Länge nach rechts auf rechts in der Mitte, sodass die offenen Stoffkanten übereinander liegen. Vernähe zuerst die langen, offenen Kanten miteinander und lasse eine Wendeöffnung von ca. 3 cm in der Mitte des Schlauchs.

2. Vernähe auch die beiden kurzen Enden.

3. Wende das Haarband durch die Wendeöffnung auf die rechte Seite. Arbeite dabei die Ecken ordentlich aus und bügle es schön in Form. Schließe die Wendeöffnung, indem du mit deiner Nähmaschine knappkantig die Öffnung absteppst. Achte darauf, dass die offenen Stoffkanten dabei gleichmäßig innenliegend sind.

4. Schließe das Stirnband mit einem Doppelknoten. Die Stoffenden gucken ungefähr 5 cm aus dem Knoten heraus.

TIPP:

Beim Wenden kann zum Beispiel der Stiel eines Holzkochlöffels oder ein Essstäbchen hilfreich sein. Achte darauf, dass der Gegenstand nicht zu spitz ist, um den Stoff und die Nähte nicht zu beschädigen.

KRONE

Schaffst du locker!

» Diese süße Krone ist wohl DAS It-Piece an jedem Kindergeburtstag! Doch auch zum Spielen und Verkleiden machst du mit diesem Schmuckstück sicherlich jedem Kind eine riesengroße Freude. Und es ist das perfekte Last-Minute-Geburtstagsgeschenk, wie ich finde!

STOFFAUSWAHL:

Webstoffe, zum Beispiel Leinen, Baumwolle oder Musselin. In der Anleitung habe ich Baumwollstoff verwendet.

DAS BRAUCHST DU:

Stoffverbrauch:

- Jeweils Außen- & Innenstoff (max. 50 x 15 cm pro Stoff)
- 2 x 20 cm langes Band
- 15 x 50 cm Volumenvlies H 630 zum Verstärken der Krone

ZUSCHNITT:

Füge rundherum 1 cm Nahtzugabe hinzu!

- 2x Krone: je 1x Außenstoff, 1x Innenstoff (SB 4)

1. Als Erstes schneidest du das Volumenvlies ungefähr auf die Größe eines Kronenschnittteils zu und bügelst es mit der beschichteten Seite auf die linke Stoffseite des Außenstoffes. Schneide hinterher das Volumenvlies ganz genau zu.

2. Fixiere die Bänder jeweils rechts auf rechts an den kurzen, seitlichen Enden des Außenstoffes. Lege den Innenstoff rechts auf rechts auf den Außenstoff und fixiere die Kanten. Fasse dabei auch die Bänder mit ein. Achte darauf, dass diese gänzlich zwischen den Stofflagen liegen.

3. Vernähe die Schnittteile jetzt ringsum an den äußeren Kanten und lasse an der unteren Kante eine Wendeöffnung von ungefähr 3–4 cm.

4. Schneide dann die Spitzen der Kronenzacken zurück und schneide anschließend vorsichtig die Nahtzugabe in den dazwischenliegenden Ecken bis zur Naht ein. Das ist wichtig, damit sich die Ecken nach dem Wenden nicht verziehen.

5

5. Wende die Krone durch die Wendeöffnung auf die rechte Seite. Arbeite die Ecken z. B. mit einem schmalen Löffelstiel gut aus und bügle die Krone anschließend richtig schön in Form. Zum Schluss steppst du die Wendeöffnung mit einem einfachen Geradstich knappkantig ab.

DANK

Boris
Deine Zuversicht gibt mir immer wieder den Mut, mich einen Schritt weiter zu trauen. Ich danke dir dafür, dass du niemals an irgendeiner meiner Ideen gezweifelt hast und mir immer den Rücken gestärkt hast. Danke, dass du immer für mich da bist und mir jeden Traum erfüllen würdest, wenn du könntest.

Ida & Paul
Ihr seid meine Inspiration und das Fundament all der Zeilen, die ich schreiben durfte. Dank euch durfte ich diesen besonderen Beruf für mich finden und mich selbst verwirklichen.

Kristina
Ich möchte dir besonders dafür danken, dass dir nie ein Umweg zu weit, keine Idee zu abwegig und keine Hürde zu groß ist. Ich bin so froh, dass du dieses Buch mit mir zusammen angegangen bist und freue mich auf viele weitere Projekte mit dir!

Kira
Der Zeitpunkt deiner E-Mail damals hätte nicht glücklicher fallen können. Tausend Dank, dass du mir dieses Projekt ermöglicht hast, für dein Vertrauen und für die wunderbare Zusammenarbeit!

Mir hat es unheimlich viel Spaß gemacht, mit dir das Buch umzusetzen und erinnere mich super gerne an das tolle Fotoshooting!

Anna
Wie gut wir als Team funktionieren, hat sich beim Fotoshooting gezeigt! Wie schön, dass wir zusammen zu so einem wundervollen Ergebnis gekommen sind. Ich danke dir für die harmonische Umgebung, welche du für uns und die Kinder im Shooting geschaffen hast, und für die wundervollen Bilder, die mein Buch schmücken dürfen.

Agnes, Milana, Christina & Katharina
Ich danke euch für eure Zeit und euer Mitwirken an meinen Schnittmustern und hoffe, dass wir noch viele weitere Projekte zusammen meistern werden!

Meine Minimodels & Mamas
Was habt ihr für einen tollen Job gemacht! Mit jedem Lächeln habt ihr uns zum Schmelzen gebracht und uns den Tag versüßt. Es war uns ein Fest, mit euch „zusammenarbeiten“ zu dürfen und ich bin so stolz, dass ihr mein Buch mit so viel Liebe schmückt!

ÜBER DIE AUTORIN

Geboren und aufgewachsen in Hamburg, machte ich nach der Schule eine Ausbildung zur Automobilkauffrau und arbeitete einige Jahre in der Automobilbranche. Nach der Geburt unserer Tochter im Jahr 2017 suchte ich nach einem kreativen Ausgleich und fand schnell meine Begeisterung fürs Nähen. Als Mutter veränderte sich auch meine Intention zur Selbstverwirklichung und ich setzte noch in meiner Elternzeit alles in Bewegung, um mir selbst einen familienfreundlichen Job in der Nähe meiner Kinder zu ermöglichen, welcher mich zudem noch aus ganzem Herzen erfüllt.

Mit der Unterstützung meines Mannes Boris meldete ich kurzerhand unser Label **„Ida & Tilda"** an, eröffnete einen eigenen Onlineshop mit meiner selbstgenähten Kinderkleidung (ganz nach dem Motto „Was soll schon passieren?") und nähte beinahe Tag und Nacht. Als wir, wie viele andere, durch Corona in die Situation kamen, oftmals keine Kinderbetreuung zu haben, suchte ich nach einem weiteren Standbein, welches mir ermöglicht, flexibel und ohne Termindruck zu arbeiten, und so kam ich zu den Schnittmustern.

Seither darf ich meine ganz eigenen Designs erstellen, mit meiner treuen Instagram-Community teilen und freue mich schon jetzt auf alles, was als Nächstes auf mich wartet!

IMPRESSUM

Bibliografische Information der Deutschen Bibliothek.
Die Deutsche Bibliothek verzeichnet diese Publikation in der Deutschen Nationalbibliografie.
Detaillierte bibliografische Daten sind im Internet über http://www.dnb.de/ abrufbar.

EIN BUCH DER EDITION MICHAEL FISCHER
1. Auflage 2023

Covergestaltung, Layout und Satz: Sonja Bauernfeind
Projektfotos: Anna Juretzka, Hamburg
Stepfotos, Moodbilder: Simone Gertz (S. 8–19, 41, 43, 143), Katja Schubert, München (S. 33)
Grafiken: Anna Fiedler (S. 52–55)
Shutterstock: © APugach (S. 20, 23 unten), © Aninna (S. 21), © Anna Kraynova (S. 22), © Serhii Yekdokymov (S. 23 oben), © Floral Deco (S. 27), © ansveta (S. 34–39), © Muslih_Create (S. 35: Rollschneider), © casejustin (S. 36: Schneidematte), © Crisan Rosu (S. 36: Druckknopfzange), © Olesya Kuznetsova (S. 44)
Satz Schnittmusterbogen: Bernadett Linseisen, schere.style.papier, München
Projektleitung: Kira Weingarten
Lektorat: Maren Bellon

ISBN 978-3-7459-1492-4

Gedruckt bei Polygraf Print, Čapajevova 44, 08001 Prešov, Slowakei

www.emf-verlag.de